U0965673

不埋没一本好书，不错过一个爱书人

七楼书店

书之大敌

[英] 威廉·布莱兹/著
李绚丽 蔡鑫悦/译

The Enemies *of* Books

金城出版社
GOLD WALL PRESS
·北京·

图书在版编目（CIP）数据

书之大敌/(英)威廉·布莱兹(William Blades)著;李绚丽,蔡鑫悦译.—北京:金城出版社有限公司,2023.9

书名原文:The Enemies of Books

ISBN 978-7-5155-2510-5

Ⅰ.①书… Ⅱ.①威… ②李… ③蔡… Ⅲ.①图书保护 Ⅳ.①G253.6

中国国家版本馆CIP数据核字(2023)第157798号

书之大敌

作　　者	[英]威廉·布莱兹
译　　者	李绚丽 蔡鑫悦
责任编辑	杨　超
责任校对	欧阳云
责任印制	李仕杰
开　　本	710毫米×1000毫米　1/32
印　　张	5
字　　数	60千字
版　　次	2023年9月第1版
印　　次	2023年9月第1次印刷
印　　刷	天津丰富彩艺印刷有限公司
书　　号	ISBN 978-7-5155-2510-5
定　　价	45.00元

出版发行	金城出版社有限公司 北京市朝阳区利泽东二路3号　邮政编码：100102
发 行 部	（010）84254364
编 辑 部	（010）64214534
总 编 室	（010）64228516
网　　址	http://www.jccb.com.cn
电子邮箱	jinchengchuban@163.com
法律顾问	北京植德律师事务所 （电话）18911105819

目　录

第一章　火

自然界中的很多力量都会对书造成损坏，火的破坏力是其中最强的。因为这样或那样的原因而葬身火海的图书馆和珍稀藏书数不胜数。偶然的火灾、狂热分子的蓄意纵火、宗教审判架起的篝火，乃至家里的炉火，都屡屡削减了书籍的数量。大火既带走了坏书，也带走了好书，至今尚存的书籍可能还不到原有的千分之一。但这种削减并非毫无益处，要不是这些“肃清之火”烧净了小山一样的糟粕，光是为了腾出存放它们的空间，就得造成很大的破坏。

根据古代作家的记载，古代图书馆藏书众多。但是，在印刷术发明以前，书籍的数量是相对较少的。即使是平版印刷机开始投入使用的 50 年后，

AP

想要收集几十万册藏书也是难于登天的。因此，这些关于古代藏书的记载是很难令人信服的。

然而，事事持怀疑态度的史学家吉本（Edward Gibbon）却对此深信不疑。毫无疑问，存有埃及托勒密王朝世代累积的众多手抄本的图书馆，已经成为当时已知的藏书最丰富的图书馆，并以手抄本华丽的装饰和难以计数的重要内容而闻名于世。这些图书馆有两座在亚历山大，其中较大的那座在布鲁彻姆区（Bruchium）。馆内的手抄本和其他古代手抄本一样写在羊皮纸上，两头装有轴杆，每次阅读时只需展开一部分。公元前48年，恺撒发动亚历山大港战役，焚毁了布鲁彻姆区图书馆。公元640年，该馆又被撒拉逊人[1]焚毁。这是人类的巨大损失，但是，如果说受损书籍有50万

1 撒拉逊人原为叙利亚附近一支游牧民族，后特指抵抗“十字军”的伊斯兰教阿拉伯人，现泛指阿拉伯人。——译注（全书注释如无特别说明均为译者注）

卷甚至70万卷，我们直觉上都会感到夸大了。读到几百年后又有50万卷书在迦太基（Carthage）被焚以及其他类似的记载，我们必定会感到同样的难以置信。

圣卢克[1]留下了关于批量销毁书籍的最早记述。他说，许多以弗所人（Ephesians）听了保罗的传教后，“平素行邪术的，也有许多人把书拿来，堆积在众人面前焚烧。他们计算书价，便知道共合5万银币”（《使徒行传》，19章19节）。显然，人们焚毁了有关先知崇拜、炼金术和魔法巫术方面的书籍。他们的行动合情合理，因为这些书腐蚀心灵。即使这些书当时逃过一劫，也绝不可能保留到今天，因为今天已经找不到那个时代的手抄本。尽管如此，我必须承认，一想到有5万银币

1　圣卢克（St. Luke）是“福音书”作者之一。

（今天约合 18750 英镑）[1]的书被付之一炬，我还是感到一阵不安。那些书包含了多少古代异教、恶魔崇拜、蟒蛇崇拜、太阳崇拜及其他古代宗教的奇特插画，包含了多少源自古埃及、波斯和古希腊的占星术及化学记载，包含了多少迷信风俗及今天所谓的“民俗传说”，又包含了多少语文学学子渴求的宝藏！这些丰富的宝藏，今天的图书馆哪怕只占有其万分之一，都将举世闻名。

以弗所城的遗址确凿无疑地表明这座城市曾何等恢宏，其建筑曾何等美轮美奂。它实行自治，独立自由。这里盛行买卖神龛圣像，相关贸易遍及各

1 普遍认为，这里的“银币”是当时的以弗所人通用的古罗马银币。如果把这种银币换算为今天的银币，一枚正好相当于 9 便士，5 万枚便相当于 50000 乘以 9，合 1875 英镑。要准确地估计出同一枚钱币在不同时代的价值向来不是一件易事，但考虑到当时的货币价值至少是今天的 10 倍，可以大概算出那些被焚书籍的价值为 18750 英镑。——原注

地，魔法之术风靡。尽管当时已有很多人受早期传教士的影响皈依了基督教，但写有魔法咒语的小卷轴（当地叫“gr’ Efesia grammata”）仍然很有市场，一直流行到4世纪。上面的咒语用于占卜、抵御“邪恶之眼”[1]和普通辟邪。这些卷轴都是随身携带的，所以当圣保罗用热烈的言辞说服听众这是迷信时，听众便把这些卷轴顺手扔进了火里，约有上千卷。

请读者想象一下：壮丽的戴安娜神庙前有一个广场，广场周围矗立着精美的建筑。广场上有一群人，在比人群稍高的地方，站着使徒保罗。他正热情、雄辩地宣讲着有关迷信的话题，众人都听得入了迷。在人群的外围燃着数堆篝火，犹太人也好，

---

1 “邪恶之眼”是指在别人不知道的情况下对其投以恶毒的凝视，很多文化都认为这种凝视会带来诅咒、不幸和伤害。人们为此发明了专门的护身符来抵御“邪恶之眼”。

非犹太人也好，都在往里扔着成捆的卷轴。长官和治安官在一旁面无表情地注视着。此情此景一定十分壮观，若作为艺术素材，许多入选英国皇家艺术学院展厅的作品都要相形见绌。

早期的书籍，不论是正统还是异端，命运似乎都十分坎坷。对于异教徒来说，每次一爆发新的宗教迫害，他们都把能找到的基督教书籍通通烧掉。而对于基督徒来说，每当形势反转、自己占上风的时候，他们就对异教文献大肆报复。

印刷术的发明大大加快了书籍的流通速度，扩大了书籍的传播范围，此时再想摧毁一个人的全部著作就困难得多了。另外，虽然图书出版量增加了，但毁书的力度也加大了。很快，以前只有手抄本才可能遭受的火刑，现在也落到了印刷本头上。

1569 年，克雷莫纳地区，12000 本希伯来语书被当作异教书籍公开焚毁，理由只有一个：这些书是用希伯来语写成的。作为报复，主教希梅内斯（Ximenes）占领格拉纳达（Granada）时，也以同样的方式烧毁了5000本伊斯兰教经书。

宗教改革时期，英格兰有大量的书被毁掉。1587年，著名古籍商贝尔在谈及修道院图书馆的悲惨命运时写道：

> 很多人买下这些迷信建筑（修道院）的藏书，用来擦屁股、擦烛台、擦靴子。有的卖给杂货铺老板、肥皂商，有的卖给外国书籍装订商。卖到国外的书不在少数，有时甚至成船运走。关于这项无耻的勾当，国外有些大学也脱不了干系。最可恨的是那些谋求这不义之财的人，他们令祖国蒙羞。我认识一名商人，姓名保密，他只花40先令便买下两座修道院图书馆的藏书，这真是国人的一大耻辱。十几年来，他一直把这些藏书当包装衬纸使用，囤积的藏书够他用好多年。这种低劣的行径为所有爱国人士所不齿。对待这些书，修道士任其落满灰尘，头脑空空的神父对其不屑一顾，新主

人更是不知廉耻地使劲糟蹋，最后被贪心的商人卖到国外换钱。

古罗马诗人奥维德《变形记》（*Metamorphoses*）的卡克斯顿[1]译本、《牛津伯爵传》（*Lyf of therle of Oxenforde*）的卡克斯顿译本以及许许多多其他最早出版的书籍都成了烤馅饼的垫纸，一页也没留存于世。想到这些，世人情何以堪。

1666年的伦敦大火使无数书籍葬身火海。私人图书馆、公共图书馆和教堂图书馆的珍贵藏书通通化为灰烬。不仅如此，就连书商从伦敦出版业中心——主祷文大道（Paternoster Row）转移到圣保罗大教堂（St. Paul' s Cathedral）地窖里的一大批书也被付之一炬。

---

1 威廉·卡克斯顿（William Caxton，1422—1491），英国首位印刷商，卡克斯顿出版社创始人。下文提到的卡克斯顿版书籍即该出版社出版的书籍。

往近代说，科顿图书馆[1]能保存下来，我们真应当心怀感激。1731年，科顿藏本所在的威斯敏斯特市阿什伯纳姆宅邸（Ashburnham House）发生大火，震惊文艺界。经过奋力扑救，大火被扑灭了，但许多抄本已严重受损，还有许多受到较轻损伤。面对这些被烧得面目全非的书籍，修复人员展现了高超的技巧。他们小心翼翼地把书一页页分开，然后用化学溶液浸泡，最后夹在透明纸中间压平。在大英博物馆抄本部的玻璃匣子里，展示着一堆焦黑不成形的书页，那是书籍修复前的原貌，看上去就像怪蜂的蜂巢，整批书遭到的破坏由此可见一斑。

在距今仅一百多年的“伯明翰骚乱（Birmingham Riots）”中，一群暴徒烧掉了普里斯特利

---

1 科顿图书馆是英国古籍收藏家、书籍爱好者罗伯特·布鲁斯·科顿（Robert Bruce Cotton）的私人图书馆，为后来大英图书馆的建成奠定了基础。

（Priestley）博士珍贵的私人藏书。“戈登动乱（Gordon Riots）”中，又有人烧掉了曼斯菲尔德（Mansfield）公爵的文学书籍及其他藏书。曼斯菲尔德公爵德高望重，是第一个敢于把所有踏上英国国土的奴隶判决为自由人的法官。他的焚书之灾促使诗人柯珀（William Cowper）创作了两首苍白的小诗。在这两首诗中，柯珀谴责了毁书的暴行，控诉了焚烧公爵的私人抄本及当代文献所带来的难以弥补的历史损失。

书页卷曲、焦黑又残败，
损失是一个人的损失，
扼腕的却是世世代代。

第二首诗以几句打油诗开头：

聪明才智祸临头，
大火吞噬全不留。

罗马衰亡正由此，

重蹈覆辙实堪忧。

普里斯特利博士的藏书更多、更珍贵，但它们的毁灭却没有引起柯珀的注意和叹惋。这大概是因为书的主人是唯一神教派的神父，而柯珀作为正统教派的教徒，烧毁异教书籍正合他意。

1870 年宏伟的斯特拉斯堡（Strasbourg）图书馆遭德军炮火烧毁，其中一些独一无二的文献自此从世上消失，包括西方最早的印刷商古登堡[1]及其合伙人之间著名的法律诉讼原始记录。西方印刷术的发明之所以归到古登堡名下，正是基于对这些记录的准确理解。烈焰在图书馆高高的砖墙内熊熊燃烧，大火呼呼作响，声音之大赛过鼓风炉。连古代

1 约翰内斯·古登堡（Johannes Gutenberg，1398—1468），德国铁匠，出版商。古登堡将出版行业和活字印刷引入欧洲，引领了印刷革命。

罗马神祇都难得享用这样高雅的“祭品”。在战争的喧嚣和炮火的轰鸣中，初版《圣经》和其他许多无价之书的页片燃烧着飘上天空，纸灰在炙热的空气里飘飞数英里，为震惊的村民最先带去了省城陷落的消息。

藏书家乔治·奥弗（Offor）的藏书曾在伦敦惠灵顿街（Wellington Street）著名的苏富比拍卖行[1]拍卖。拍卖进行大约三天后，临近一栋房屋发生火灾，大火蔓延到拍卖厅，很快吞噬了当时在展的英国作家约翰·班扬（John Bunyan）的稀世之作及其他珍稀书籍。次日，我获准参观火灾现场，借助梯子攀爬进拍卖厅。站在残存的地板上，我看见书架上还留着一排排焦黑的书籍，那情景触目惊心。同时，我也注意到一个奇怪的现象：火

1 苏富比拍卖行，英国的一家跨国企业，总部在纽约。世界上最大的经销商之一，经营范围包括精细艺术品、珠宝、房产等的拍卖。

先烧掉了书脊，然后绕到书架背面，烧掉了书的切口，因此很大一部分书虽然外围已化为灰烬，但中心一块椭圆形的区域却毫发无损，纸还是白的，字体也清晰可辨。这些残书以一小笔钱整套售出，买主花了很大力气整理、修补、装订，最后整理出1000卷，次年在帕蒂克-辛普森（Puttick and Simpson' s）拍卖行拍卖。

伦敦金融城奥古斯丁会荷兰教堂（Dutch Church, Austin Friars）的陈列馆里有一批珍贵古籍，1862年该教堂发生了一场大火，差点使这些书毁于一旦，幸存书籍也严重受损。火灾发生前不久，我还去过这家教堂淘15世纪的英国书，临走时那满是尘埃的景象令我永远难忘。这些书无人照料，数十年来无人问津，表面覆盖的潮湿灰尘有半英寸之厚！火灾发生后，屋顶烈焰滚滚，一注注热水从房顶浇下来，就像一阵开水淋浴浇在书上。神奇的是，这些书并未化成一摊烂浆。火灾过后，整批藏书因为不能合法赠送，便永久借给了伦敦金融城管理当局。这些烧焦了、淋透了的书籍残骸辗转到当局图书管理员奥弗罗尔手中。奥弗罗尔是一个不轻易言弃的人，他租了间小阁楼，把这些书像晾衣服一样搭在阁楼的绳子上，使之干燥，又花了一周又一周的时间精心保管、照料。那些污损变形的书很多失去了封面，还有很多成了散页，但经过清洗、上浆、压实、装订，奇迹出现了。今天，人们看到伦敦市政图书馆贴着“伦敦-比利时教堂藏书（Bibliotheca Ecclesiae Londonino-Belgiae）”标签的精致小壁龛，以及壁龛里一排排用漂亮的字母标注的书脊时，谁也不会想到，不久前，这些全城最珍贵的文献曾落魄到连5英镑都不值。

第二章　水

水对书的破坏力仅次于火，包括液态水和水蒸气。曾有成千上万卷书沉入大海，不仅图书音信皆无，连运书的船员也下落不明。根据迪斯拉里（Benjamin D' Israeli）的叙述，1700年前后，米德尔堡（Middleburgh）有一位家境富庶的镇长，名叫希尔·赫德（Heer Hudde）。他扮成中国官吏，历时30年，走遍中国大江南北，到处收集书籍，并把一批价值不菲的珍贵藏书安全送抵中转地，准备运往欧洲。可惜，运书船半路被风暴打翻，未能抵达目的地，成为其故乡无法挽回的损失。

1785年，著名的藏书家马费伊·皮内利（Maffei Pinelli）去世，他的私人图书馆举世闻名，是皮内利家族多代人的收藏结晶。其藏书包括

大量希腊文、拉丁文和意大利文著作，其中许多是初版书，插画精美，还有大量 11 世纪至 16 世纪的手抄本。后来，整座图书馆由马费伊 · 皮内利的遗嘱执行人卖给了伦敦蓓尔美尔街（Pall Mall）的书商爱德华，后者把书分装到 3 艘船上，由威尼斯运往伦敦。运书船半路遭遇海盗，其中一艘被海盗劫获。海盗在船上没有找到值钱的物品，一气之下把所有书扔进了大海。另外两艘船侥幸逃脱，安全抵达伦敦。1789 年至 1790 年，这些逃过一劫的书籍在伦敦康迪街（Conduit Street）的拍卖大厅出售，售价超过 9000 英镑。

海盗固然可恶，但穆罕默德二世比之更甚。穆罕默德二世于 15 世纪占领君士坦丁堡后，不仅放纵手下荒淫的士兵肆意蹂躏这座虔诚的城市，还下令把教堂和著名的君士坦丁大帝图书馆中的书通通扔进大海，包括 12 万卷手抄本。

雨水也常常对书籍造成难以弥补的损害。虽然极度潮湿的情形在图书馆很罕见（这一点值得庆幸），但这种情形一旦出现，若不及时改善，就会对纸张造成不良影响，导致纸张腐烂分解，变成一堆腐朽的白色物质，一碰便化为粉末。

如今人们对英国老图书馆的重视程度已经有所提高，这和30年前大不相同。30年前，英国多家大学图书馆和教堂图书馆的状况之差简直令人咋舌。相关例子数不胜数，最具代表性的是一家图书馆的窗户长期失修，常春藤从窗子破损处钻进来，爬到一排书上。这里的图书本本都价值不菲，一到下雨天，雨水就像沿着导管一样沿着藤蔓流到书顶，把书整个浇透。

还有一家规模较小的图书馆，雨水直接从天窗淋到书架上，反复浸淫书架顶层宝贵的卡克斯顿版藏书和其他早期英文书。其中有一本书，虽然已经腐烂了，但经英国慈善委员会批准后仍以200英镑的高价很快卖了出去。

一年前（1879年），《学院》（*Academy*）杂志刊登了一封信。如果这封信内容属实，那就意味

着即使是在西方印刷术发源地德国，也存在着对书大肆破坏的情况。信中内容如下：

> 过去这段时间，沃尔芬布特（Wolfenbuttel）图书馆的状况实在是太不像话了：楼房岌岌可危，部分墙体和天花板已经垮塌，许多珍贵的书籍和手稿就暴露在潮湿腐败的环境中。有人呼吁坚决不能让这批宝贵的藏书因为资金问题而遭殃，还呼吁，既然沃尔芬布特镇已经丧失了知识文化中心的地位，应立即把书全部转移到布伦瑞克市（Brunswick）。不能因为某些人对莱布尼茨[1]和莱辛[2]这两位城市名人抱有

---

1 戈特弗里德·威廉·莱布尼茨（Gottfried Wilhelm Leibnitz，1646—1716），德国哲学家、数学家。

2 戈特霍尔德·埃弗拉伊姆·莱辛（Gotthold Ephraim Lessing，1729—1781），德国启蒙思想家、文艺理论家和剧作家。

假惺惺的缅怀之情，就妨碍转移书籍的计划。

莱辛如果健在的话，也会竭力主张保护好图书馆，发挥其用途才是第一位的。

沃尔芬布特镇的藏书是真正的极品，我不禁希望上述内容夸大其词。假如这些书真的只是因为图书馆缺乏一小笔修缮屋顶的钱而损坏的话，那将是这个国家永远的耻辱。书史上这类亵渎书籍的例子比比皆是，若不是看到这些例子，很难相信在爱书之人遍地的德国，竟然还有人犯下这样的过错。[1]

水蒸气也是书籍的克星，其中的湿气对书的装帧和内页均会造成损害。湿气会使书籍的页边、开口和骑缝长出白色的霉菌。虽然这些霉菌很容易擦除，但擦除后会留下明显的痕迹。在显微镜下看，一个霉斑就是一座迷你森林，葱葱茏茏地覆盖着美

1　这段话写于1879年，此后该图书馆新增了一栋建筑。——原注

丽的白色树叶。这些“毒树”的根深扎在书的皮质封面上，破坏着皮质封面的组织。

书内页，湿气催生出难看的褐色斑点，常常使普通印刷品和精装书变形。受害最深的是19世纪的早期印刷书，那时的造纸工发现，可通过漂白造纸用的破布料制造出雪白的纸。这种纸经印刷、压实，风靡一时。但是，这种造纸方法不能有效中和漂白剂，因而纸张本身就带有腐败的种子，一旦接触湿气，就会很快长出褐色斑点。迪布丁[1]博士的精美书志学著作大部分就是这样损坏的，尽管他的书错误百出、废话连篇、矫揉造作、令人生厌，但其花饰精美，作者本人又满肚子逸闻逸事，因此看到他的杰作长了褐色斑点，还是很令人痛心的。

完全干燥温暖的图书馆一般不会生出这样的斑

---

1 此处指的应该是托马斯·弗罗格纳尔·迪布丁（Thomas Frognall Dibdin，1776—1847），英国书志学家，曾在牛津大学圣约翰学院学习。

点。许多不常开放的捐赠图书馆和私人图书馆在认识上有一个误区，认为只要天气干燥，严霜和久冻就不会对书造成损害，结果这些图书馆往往深受其害。事实上，书籍是绝对不能受冻的，否则一旦化冻回暖，潮湿的空气就会侵入房间的各个角落，钻进书本乃至书页之间的空隙，打湿它们冰冷的表面。预防这个问题的最佳方法就是在霜冻期间为图书馆保暖，指望霜冻结束后再立即升温是没用的。

最大的敌人有时反而是最好的朋友。或许图书馆除湿的最佳方法就是铺上地暖，把我们的敌人——水——加热，然后送入地暖水管进行循环。现有的地暖水管外部加热设备性能优异，也相对便宜，再加上除湿的好处大，所以只要不太费事，都值得一试。

不过，供暖系统再好，也不能取代栅格窗。栅格窗可以为房间通风，不但对书好，对人也好。煤炉则不可取，原因有多方面：危险、肮脏、多灰。

相比之下，石棉炉[1]燃料堆放合理，不但和普通火炉一样暖和、通风，还全无普通火炉的弊端。对那些不喜欢依赖仆人的人来说，石棉炉是无价之宝。因为有了它，不管主人睡得多么沉，火都不会熄灭。

有人认为，把精美书籍保存在装有玻璃门的书架上不失为一计良策。但这也是错误的。湿气肯定会穿过玻璃门，加之空气不流通，会助长霉菌的形成，书放在上面，还不如放在没门的书架上好。如果出于安全考虑确实需要为书架装门，也请务必摒弃玻璃门，改用装饰性的镂空铜丝门。过去的烹饪书作者为了表示自己曾亲口品尝过某道菜品，会在特殊的票据上盖章。同样，我也像他们一样，以亲身经验做担保，声明镂空铜丝门“经证明有效”。

1 石棉可致癌，作者所处的时代并不知晓石棉炉的危害。

第三章　煤气与高温

煤气是多么重要的仆人啊！如果要禁止在家中使用煤气，人们肯定会怨声载道、叫苦连天。但是，凡是爱书之人，都不应允许自家藏书室出现哪怕一丝煤气，除非他能得到某些公共图书馆里那种能立即把烟气全部排出室外的“天窗”。

我可以从不幸的个人经验出发，告诉你煤气在密闭空间中的危害。多年前，我在一个小房间（美其名曰藏书室）里摆了一些书架，并特意装了两台自动通风机。这两台通风机紧挨着天花板，直接交换室外的空气。为了节省空间，也因为讨厌电灯（各种电灯都难用得要命），我在桌子上方装了3盏煤气吊灯。结果房间上空的温度变得很高，一两年后，窗户上挂的皮质短帷幔和每个书架上挂的半寸长的遮灰帘儿都变得像火绒一样干燥易燃，有的帘子甚至经不住自身的重量，自己掉下来了。书架顶端的书籍，封面已经老化了，一碰就碎，变成了粉末状，像苏格兰鼻烟一样。这当然是煤气中的硫黄所致。我记得多年前伦敦学院（London Institution）图书馆的书架顶层有本书，由于遭受了图书馆煤气的侵害，拿在手里时，书的封面整个脱落下来，尽管书的其他部分仍完好无损。除了这本书，还有几千本书也面临同样悲惨的命运。

既然书的内页并未受损，也许有人会反驳说，煤气只是书籍封面的敌人，算不上书籍本身的敌人。但是，重新装帧一本书必然会导致书籍变薄，因为装订工经常掐头去尾，把他们认为无用的头几页和后几页都删掉。唉！装订工造成的破坏实在太大了！哪怕你摆出最郑重其事的态度，像立遗嘱那样写下要求，发誓一旦书受损就不给一分工钱也是白搭。装订工的信条很简短，只有一条，那就是令人发指的一个字——“删”！不过这个糟心的话题我稍后再探讨，毕竟对装订工这类书籍的敌人，我们应该，也有必要为他们单独留出一整章的篇幅。

怪罪煤气很容易，要找到补救之法就困难得多了。自然光照射需要特殊的设计，根据消耗的煤气量计算，天窗的装配价格非常昂贵。未来的图书馆可能会采取电灯照明。如果这种电灯功能稳定，价格又适当，那么它将给未来的公共图书馆带来很大的福音。也许在不久的将来，不仅是图书馆，甚至家家户户都能用上电灯，届时文字工作者必将载歌载舞、额手称庆。虽然煤气的燃烧并不会造成危害，但它可能会引起爆炸与火灾，光凭这一点就必须禁用煤气灯。再加上煤气对书的破坏已经得到英国各大图书馆馆长的普遍承认，因此，人们规定图书馆禁用煤气灯。

电灯在大英博物馆阅览室投入使用已经有好几个月了，给读者带来了很大的福音。但由于电灯的灯光并非均匀散射，因此必须找到特定的角度，才能获得愉快的阅读体验。电灯运行时发出的嗞嗞声也令人反感，掉落的白色高温粉末会烫到谢顶读者的头，更是让人讨厌。烫头的弊端最近（1880年）已经完全消除，方法是在每盏电灯下放一个盛灰的容器。要使用电灯，你还需要习惯白色的灯光，否则就会感到不适。尽管有这些缺点，电灯还是为学生们带来了天大的好处，不仅能使他们在冬天多学习3小时，还能让他们充分利用大雾天和阴天学习。而以前，这样的天气根本不能读书。[1]

如果持续暴露在高温下，即使没有有害气体，书也会受到很大的伤害。如果只有高温，没有煤气，书籍封面的皮质可能会失去天然的油脂，进而导致书籍封面脱水，最终彻底毁坏。因此不能把书置于房间的高处，因为只要是热气，必然会上升，虽然对下方的读者来说温度很适宜，但对高处的书

---

1 1887年，现用的电灯系统还是“西门子”。西门子有丰富的经验，加之其不断改进产品，现已无上述问题。——原注

来说肯定会烤坏封皮。

保存书籍最保险的方法就是精心呵护，像呵护自己的孩子一样。孩子如果被关在空气不纯、过冷过热或过干过湿的地方，一定会生病。书也一样。

假如一些有关修士的故事是真的，那么有些世俗世界保存下来的书，到了主的国度只会落得灰飞烟灭的下场。这类故事可能是俗界神父杜撰的，用来否定托钵修会（Minorite）修士们的博学多才，因为大字不识的俗界神父向来和托钵修会修士水火不容。一个故事这样写道："1439年，两名穷极一生收集图书的方济各会托钵修会修士去世了。按照当时流行的看法，他们死后立即被引至天国的法庭接受审判，身边还带着两头驮满了书籍的驴子。到了天国门口，守门人问：'你们从何而来？'二人答道：'来自圣弗朗西斯创立的一家修道院。''噢！'守门人说，'既然如此，你们就由圣弗朗西斯审判。'于是，守门人招来圣弗朗西斯。这位圣徒看到两名修士和他们笨重的行李，就问他们是谁，为什么要带这么多书。‘我们是方济各会托钵修会修士，’两名修士谦逊地回答，‘这点书是献给新耶路撒冷的一点心意。’‘你们在世时依照书中的教导行善了吗？’圣徒严厉地追问，其实，他一眼就看穿了他们的为人。两名修士结结巴巴地回答说书读得还算够多，圣徒便当场宣判如下：‘你们受愚昧的虚荣心的引诱，搜罗了大量书籍，违背了安于贫困的誓言，忽视了职责，违反了教规。故此，惩罚你们在地狱之火中阅读你们带来的书籍，生生世世，永永远远。’话音刚落，空气中便燃起熊熊大火，地面裂开一道燃烧着的缝隙，瞬间就把修士、驴子和书籍通通吞噬了。”

第四章　灰尘与疏忽

书籍蒙尘必然是因为疏于照料，而疏于照料多少会导致书籍慢慢腐烂。给书籍装上优质的烫金封面可以很好地防止灰尘侵袭，简陋裸露的封面必定会使书沾上污渍，弄脏书页的白边。

过去有私人藏书的人很少，大学和公共图书馆对学生来说用处很大。那时的图书管理员还不是一份闲差，灰尘也没有机会在书上安家。19 世纪，平版印刷的兴起开启了新时代。一些图书馆失去了资金上的支持，逐渐跟不上时代，最终被人们所遗忘。在这些图书馆里，新书进不来，过时的老书又没人看、没人管。我曾经见过许多老图书馆连续几周不开门，书籍腐化为粉末，一吸一鼻子灰，一拿起书就要打喷嚏。装满旧书的老书箱沦为书虫的栖息地，即使是适合打猎的秋天，也无人“猎杀”。偶尔，这些图书馆还被胡乱使用（这说的是30年以前）。倘若我们的祖先预见那些书的命运，一定会认为那是对书的亵渎。

我清楚地记得，多年前一个晴朗的夏日上午，我为了寻找卡克斯顿版藏书，来到英国一所著名大学的某个学院。这个学院财力雄厚，内部有一个四方庭院，庭院周围矗立着一圈灰色建筑，幽静阴凉，美观宜人。这些建筑和学院一样有着不平凡的历史，学院的学子们也向来不辱先辈的英名。话说回来，那天上午，阳光暖融融地照着，大多数窗子开着，一扇窗中飘出一缕袅袅的烟雾，另外两扇窗里分别传出嗡嗡的谈话声和钢琴声。几个大学生在建筑的背阴处溜达，他们互相挽着胳膊，头戴磨破的学士帽，身穿蹭烂的学士服——这帽子和袍子是他们引以为豪的毕业生标志。灰色的石墙爬满了常春藤，只有古老的日晷干干净净，上面刻着古拉丁文，用于记录日出。一旁的学院小教堂几乎和其他建筑一模一样，唯一不同的只有窗户的形状。教堂对面是有白围裙厨师进出的食堂。如果说食堂看守着学院的世俗繁荣，那么小教堂似乎监护着学院的道德风尚。走在平整的路面上，经过一座座舒适、精致的学生公寓：窗户挂着花边窗帘、椅子套着椅罩，还有银质的点心盒和细细的高脚杯为学习生活提供调剂。镀金的书架或书桌上，放着引人注目的烫金封面的书籍。看完富丽堂皇的室内，再看看室外修剪平整的庭院草坪。草坪上立着造型古雅的喷泉，在阳光下镀成了金色。此情此景令人脑海中浮现出“学习享乐两不误”的字样。

我想，假如世上还有一个珍惜、爱护古书的地方，那一定是这里。于是我在一派宜人和谐的氛围中，打听起图书管理员办公室的位置。可是，大家似乎都不大清楚图书管理员姓甚名谁，也不知道照料图书的职责由谁承担。图书管理员的职位似乎只是一种义务、一份闲差，是按惯例强加在最年轻的“研究馆员”头上的工作。没人在乎担当此任的是谁，图书管理员办公室的锁自然也长年不开。最终皇天不负有心人，我找到了图书管理员。他一路无话，彬彬有礼地把我领进他那尘封、幽寂的领地。

进入图书馆，一幅幅昏暗的捐助者肖像从满是灰尘的老相框里目送我们经过。这些肖像似乎暗自吃惊，很明显，他们在猜测我们是不是来“工作”的。空气中充斥着很浓的书霉味，这种气味是某些图书馆难以摆脱的噩梦。地板上积满了灰尘，我们所经之处，尘埃在阳光投下的明亮光束中飞舞。书架上落满了灰尘，中间的“书籍展示台”落满了灰尘，凸肚窗旁的旧皮桌、皮桌两边的椅子也落满了灰尘。我向图书管理员请教了一个书目方面的问题，他说好像记得有份手写的书目清单，但就是照着这份清单，也很难找到书，何况眼下也不知道清单放哪儿了。他说现在这个图书馆已经没什么用了，因为研究员们都有自己的书，很少需要17、18世纪的老书，而新书又久不引进。

我们往里走了几步，来到内馆。内馆的地板

上放着一堆堆古旧的对开本书籍，正逐渐腐烂。一张古老的乌木桌下放着两口长长的橡木雕花书箱。我打开其中的一口，最上面是一件牧师常穿的白色法袍，现在已经沾满灰尘，看不出是白色了；下面是一大堆小册子——都是散了页的英联邦四开本文献——正遭受着蛀虫和霉菌的侵蚀。一切都无人照管。内馆的外门开着，几乎正对着外面的四方庭院。乌木桌上放着外套、裤子和靴子，一名校工正在门内给这些衣物掸灰——潮湿的天气竟然在图书馆室内做这种事，说明他和那名图书管理员一样，丝毫察觉不到自身的行为已经违反了岗位职责。噢！爱书的先贤理查德·德·伯利[1]！我多么盼望你用愤怒的讽刺之箭刺穿学院里这些蠢人的脑壳！

所幸事情如今已经有所改观，上述可耻的玩忽

1　理查德·德·伯利（Richard de Bury，1287—1345），英国作家、教师、主教及藏书家，著作《书之爱》是最早深入探讨图书馆管理方面的书籍。

职守的行为已经从这所学院里消失。希望在古董重新受到尊重的今天，不要再有其他大学图书馆重蹈覆辙。

怠慢珍贵典籍的不单是英国人。下面这段话译自不久前巴黎出版的一本有意思的书[1]，反映了即使在今天，作为法国文艺中心的巴黎也仍然上演着毁灭书籍的事件。

洛波德·德尔姆写道：

> 让我们进入某些大省城的公共图书馆看一看吧：图书馆内部一派凄凉，灰尘满室，杂乱不堪。图书管理员有是有，但他只把自己当搬运工，一周只去一次图书馆，查看那些托付给他照管的书籍的状况。那些书处境很差，它们堆在角落里，无人照看，疏于装订，日渐腐

1 《图书之奢》（*Le luxe des Livres*），作者洛波德·德尔姆（L. Derome），八开本，巴黎，1879 年。——原注

烂。今天（1879年），巴黎有不止一家公共图书馆每年购进多达上千册的图书，但这些书疏于装订，估计50年左右就会损毁殆尽。有些绝世珍品因为缺乏照料而烂成碎片。这些书无人装订，任由灰尘和书虫吞噬，一碰就灰飞烟灭。

纵观历史，这种对书籍的忽视不是哪一个国家或哪一个时代的事。下面这段话摘自埃德蒙·韦尔代[1]的《书籍史》[2]。

意大利著名诗人薄伽丘在普利亚大区游历期间，迫切想要造访著名的卡西诺山修道院（Convent of Mount Cassin），尤其想看一看久有耳闻的卡西诺山修道院图书馆。他来到修

1 埃德蒙·韦尔代（Edmond Werdet，1793—1870），法国作家、出版商。

2 《法国书籍史》（*Histoire du Livre en France*），作者埃德蒙·韦尔代，八开本，巴黎，1851年。——原注

道院，向一个外表不俗的修道士恭恭敬敬地打听图书馆的方位。那个修道士用手指着一段古老、破败的石阶，短促而生硬地说："自己找。"薄伽丘闻之快步拾级而上，想到即将看到宏伟的图书馆，心中一阵欢喜。很快图书馆就到了，外面没有锁，甚至没有门来保护藏书。窗台上的杂草遮天蔽日，馆内十分昏暗，所有书籍和座椅都积了半寸多厚的灰尘，这让他大吃一惊。震惊之余，他拿起一本本书，所有的书都是年代极其久远的手抄本，均严重受损。许多书被人野蛮地整章撕掉，还有许多羊皮书的白边被人裁掉。可以说，要多惨有多惨。

看到众多先贤的智慧结晶和劳动成果落入这些根本不配守护它们的守护人手中，薄伽丘心情十分沉痛，他饱含泪水地离开了图书馆。在修道院的回廊上，他碰到一个修道士，就问他那些手抄本何以损毁至此。"哦！"修道士说，“我们还不是为生计所迫，所以才裁掉那些手抄本的页边，写上字，做成布道的小册子卖给妇孺嘛。”

作为对这个故事的后续补充，伯明翰的蒂明斯先生告诉我，现在卡西诺山修道院图书馆的图书受到了更好的保护，修道院的副院长是一个十分称职的图书守护人，他以那些珍贵的手抄本为豪，也乐于展示它们。在这里，我想告诉读者一件你们可能感兴趣的事，那就是卡西诺山修道院已经建了一间很大、很完善的印刷室，既能进行平版印刷，也能进行凸版印刷，已经全面投入使用。修道院利用这间印刷室重印了珍贵的但丁手稿，其余摹本作品也正在制作中。

第五章　无知与偏执

无知与水火不同类，但同样毁书无数。宗教改革时期，人们普遍厌恶任何类似天主教崇拜圣像[1]的陈腐做法，于是动手毁坏了数以千计的书籍，宗教的也好，世俗的也好，凡是带有花饰字母的书都难以幸免。这些人目不识丁，分不清哪些是传奇故事，哪些是《圣经》中的《诗篇》（*Psalter*），哪些是记载亚瑟王的世俗小说，哪些是有关大卫王的宗教经卷。可惜那些富有艺术性装饰的纸书，都被扔进面包师的烤炉做了燃料，而那些羊皮手稿，纵使插画精美绝伦，也都沦为装帧、制鞋之用。

1　在宗教改革时期，新教反对天主教对圣像、圣物的崇拜，包括雕像、画像等。

还有一种无知也常常给书带来灭顶之灾。1862年，菲拉莱特·沙勒（Philarete Chasles）在写给金博尔顿村的B. 比达姆（B. Beedham）的信中提到这样一件事：

> 10 年前，我是马莎琳图书馆（Mazarin Library）的管理员。一次，在清理一个旧书柜时，我从柜底的一堆破烂下面发现一本大部头，它既无封面也无扉页，一直被图书管理员用来烧火。这件事说明，法国大革命以前，人们对珍贵藏书的保管是何等漫不经心。这本被遗弃的书原来是一本精美的正版卡克斯顿版藏本，60 年前曾收录在荣军院里，是马莎琳图书馆的原始馆藏无疑。

1880 年 4 月，我在马莎琳图书馆亲眼见到了这本书，那是一本 1483 年的初版《金色传奇》（*Golden Legend*），外观高贵典雅，但已残破不全。

世上的事成千上万，彼此交叉重叠，必然会

生出许多惊人的巧合。大约在信中所提之事发生的同一时期，伦敦的法国新教教堂——圣马丁教堂也发生了类似的事件。许多年前，我在教堂发现一本书，它躺在圣器室壁炉旁一个脏兮兮的文件格里，面目全非，乃是一本带木刻画的卡克斯顿版《坎特伯雷故事集》（*Canterbury Tales*）。这本书和巴黎那本《金色传奇》一样，由于人们全然不识它的价值，长期被人一页页撕下来给圣器室生火用。结果，这本原来至少值800英镑的书，此时只值从前的一半了。当然，我努力向相关牧师反映了此事，还反映了由鲁德与亨特在1480年出版的豪华对开本的情况。几年后，英国国教教务委员会接管基金会，指定了最终托管人，并对这些宝贵的藏书进行了重新整理和编目。这时，那本卡克斯顿版的《坎特伯雷故事集》已经和牛津出版社出版的第一批精美书籍《莱特布里》（*Latterbury*）一起消失得无影无踪。书的损坏是出于无知，书的失窃却恰恰相反。

下面这件事《古董家》（*The Antiquary*）杂志

最近在第一期里刊载过，但是因为特别切题，所以我忍不住重提一遍，供老图书馆的接管人引以为戒。这是多年前我从佩勒姆的教区长C. F. 纽马什（C. F. Newmarsh）牧师1847年写给坎特伯雷大主教的图书管理员S. R. 梅特兰（S. R. Maitland）牧师的信上抄录下来的，内容如下：

> 1844年6月，一个小贩来到布莱顿村的一间村舍前，询问一个名叫内勒的老年寡妇卖不卖旧衣服。寡妇说旧衣服没有，旧纸倒是有一些，就从书架上拿了本《圣奥尔本斯之书》（*Boke of St. Albans*）和其他一些书，共计9磅重（约4千克），以9便士[1]的价钱卖给了小贩。

---

1 英国货币单位。1970年以前旧币制的换算方法为：1英镑=20先令，1先令=12便士，1克朗=5先令。几尼是1663年至1814年间发行的货币，1717年之前等于20先令（1英镑），1717年之后等于21先令。

小贩把这些书用绳子捆起来，路过盖恩斯伯勒镇（Gainsborough）的时候，经过一家药店。药店的药剂师经常买旧纸包药，就把小贩叫进来。看到《圣奥尔本斯之书》，药剂师心中一动，出3先令把整捆都买了下来。由于看不懂书上的出版商标记，药剂师便把书拿到一个文具商那里，想以1几尼的价格卖给他。但是文具商也不懂行，拒绝了这笔买卖，并建议把书放在文具店的橱窗里，看看有没有人知道书的来头。于是，书就被放进了橱窗，挂上“古卷奇书”的标签。一名藏书家看见了，走进来要花1克朗购买，这勾起了文具商的疑心。过了一会儿，盖恩斯伯勒镇的牧师伯德也进来询价，他想把这本书作为早期印刷品的样本收集起来，但并不了解它的价值。就在他查看的工夫，又来了一个叫斯塔克的人，他是个有头脑的书商，伯德马上把书让给了他。斯塔克流露出迫切的样子，文具商史密斯看在眼里，拒绝给书定价。不久，利村（Lea）的查尔斯·亨利·约翰·安德森（C. Anderson）爵士也来了［此人是《古代典范》（*Ancient Models*）的作者］，他把书带走检查，发现书的中间有缺损。次日早晨他把书送回，表示愿意出5英镑购买，不过他也没有参考文献能查出该书的价值。与此同时，斯塔克雇了一个朋友帮他争取到优先购买权，并保证出的钱一定比查尔斯爵士多。而史密斯因为发现这本书至少能卖5英镑，就自己先跑到药剂师那里，花2几尼买下来，然后以7几尼的价格卖给了斯塔克的人。斯塔克把书带到伦敦，立即转手卖给托马斯·格伦维尔[1]，足足卖了70英镑（70几尼）。

接下来我要说一说这本如此古老、连封面也没有的书是怎么来的。距上述事件发生约

1 托马斯·格伦维尔（Thomas Grenville，1755—1846），英国政治家、藏书家。

50年前，希克曼家族（Hickman）的宅邸所在地，盖恩斯伯勒教区的索诺克庄园（Thonock Hall）图书馆经历大规模修缮。负责整理书籍的是一个极其愚鲁的人，此人对图书的拣选似乎只看封面。结果，所有缺少封面的书都被扔到一堆，注定要和修道院图书馆里惨遭洗劫的书一样，沦落成利兰[1]所痛惜的命运。但是，这些书却受到一个有识园丁的喜爱。他恳请修道院允许他把喜爱的书带回家，并选了一大批在下议院宣读过的布道书、地方小册子、1680年到1710年间的短文、戏剧等，还为这些书列了张清单。我后来在其村舍里发现了这张清单，上面第43号书是*Cotarmouris*，也就是《圣奥尔本斯之书》。这位老园丁有点像纹章

---

1 约翰·利兰（John Leland，1503—1552），英国诗人、古文物收藏家，曾受王室派遣考察英国所有修道院的图书馆。

官，他的书上都画着自己设计的封面。他去世后，所有能被塞进一个大箱子里的书都被腾到阁楼上，只有《圣奥尔本斯之书》等几本他生前最喜爱的书还长年留在厨房的置物架上。后来儿子的遗孀厌烦了给书除尘，决定把它们卖掉。假使这个遗孀很穷的话，我应该建议那个买家斯塔克从赚到的一大笔钱里匀出一点儿给她的。

这样的巧事对一个人来说是绝无仅有的，但埃德蒙·韦尔代却讲了一个类似的事件，这次撞大运的也是个伦敦商人。

1775 年，安特卫普[1]雷哥列派（Recollet）的修士们为了改革，把修道院的图书馆检查了一番，最后决定扔掉 1500 本书。这些书有的是手抄本，有

1　安特卫普（Antwerp），比利时最重要的商业中心、港口城市和法兰德斯的首府。

的是印刷本，都被视为毫无价值的垃圾。

一开始这些书被扔到园丁的屋子里。过了几个月，修士们不知怎的灵光一现，决定把这堆垃圾都送给园丁，作为对他长期工作的认可。

这个园丁比那些头脑简单的修士要明智些，他把书拿到M. 范德贝里（M. Vanderberg）那儿，此人受过教育，是一个业余藏书家。他把书大致浏览了一遍，就提议按磅购买这些书，每磅6便士。园丁立即同意了，书遂到了M. 范德贝里手里。

没过多久，伦敦一个有名的书商斯塔克趁在安特卫普逗留之际造访范德贝里，范德贝里向他展示了这批书。斯塔克立即表示要掏14000法郎购买，范德贝里同意了。请读者们想象一下吧，那些傻瓜修士得知此事时是多么吃惊、窝火！他们自知无可挽回，有眼无珠，都惊得目瞪口呆，只好低声下气地恳求范德贝里把得到的钱分给他们一些，好叫他们不那么憋屈。于是范德贝里给了他们1200法郎。

至于1867年埃德蒙兹（Edmonds）在兰波特庄园（Lamport Hall）阁楼上的伟大发现，即发现莎士比亚作品和其他作品的事，已经人尽皆知，且距今不久，这里就不再赘述。在那件事中，几乎纯靠运气才使得那些书保存下来，光是它们存世的消息就足以令莎翁迷们耳朵发痒、激动不已了。

1877年夏，一位我熟识的绅士在布莱顿镇（Brighton）的普雷斯顿街借宿。抵达宿地的第二天早上，他在厕所里发现了一些黑色花体字古书的残页，便问房东能不能把这些残页给他，是不是还有更多。房东就又找了两三片，说她的父亲喜欢古文物，曾经有一整箱的黑色花体字古书。父亲死后，这些书都留着，后来她见着生厌，觉得没什么价值，就当废纸用了。两年半来，这些书都用于干家务杂活，已经快用完了。那些保留下来的残页现在为我所有，有相当厚一沓，是卡克斯顿的后继者——温金·德·沃德（Wynkyn de Worde）印刷的一册稀世珍本中的。书的标题是一幅奇特的木刻画，用古怪的黑体字印着“罗马人传奇”的字样，全书还有许多简单粗糙的木刻画。很可能正是从这本书里，莎士比亚构想出三个首饰盒的桥段，构成《威尼斯商人》（*The Merchant of Venice*）中一个不可或缺的情节。很难想象，这样一枚藏书界的瑰宝竟然身陷厕所，沦为厕纸！

大英博物馆的兰斯当系列藏品（Lansdowne Collection）[1]中有一本书，书中包含三部伊丽莎白女王时代（1533—1603）的戏剧手稿。它的扉页上列有58部戏剧的名称，扉页下角是著名古文物收藏家沃伯顿（Warburton）亲笔写的几行字：

> 可怜我多年来辛辛苦苦收集的这些戏剧手稿，皆因我的粗心和仆人的无知，不是被烧掉了，就是成了烤馅饼的垫纸！

---

1 第一代兰斯当侯爵威廉·佩蒂（William Petty）所收集的藏品，1807年出售给大英博物馆。

这些“戏剧”，有的通过印刷手段保留下来，另外一些名不见经传的，则作为馅饼垫纸永远葬身在了烤炉之中。

对此，新离任的大英博物馆印刷书籍管理员W. B. 赖伊（W. B. Rye）这样写道：

> 说到无知，您哪天来大英博物馆的时候应该看看1494年平森[1]印刷的薄伽丘《王子的陨落》（*Fall of Princes*）的利德盖特[2]版译本。这本书“举世罕见”，未遭到破坏前非常精美，基本没裁页，是1874年夏日一个晴朗的下午，一名家住兰伯赫斯特（Lamberhurst）

1 理查德·平森（Richard Pynson，1448—1529），最早印刷英文书的印刷商之一。

2 约翰·利德盖特（John Lydgate，1370—1451），英国诗人，作品多以杰弗里·乔叟（Geoffrey Chaucer，1343—1400）诗法为楷模，以伦理及宗教长诗著称，写有长篇叙事诗《特洛伊纪事》等。

的商人带给我的。当时里面有许多书页被剪成了方片，整本书都是从一家烟草店里抢救出来的，书页一直被店老板用来包烟草。店老板因为想给老婆买件新丝袍，就欣然以3几尼的价格把书卖了。您会看到，大英博物馆的书籍修复员已经把这些散页非常巧妙地装订起来了，使之焕然一新，尽管并不完美。

某些教区记事录保管人对自己的工作很是粗心大意，诺布尔（Noble）对此深有体会。他写道：

几个月前，我想在自己感兴趣的英格兰某个大镇（此处镇名保密）的教区记事录里查寻查理一世（Charles I，1600—1649）时期的记录。我给有关保管人去信，拜托他帮我查一查，要是他看不懂记事录上的名字，就帮我找个看得懂的人，解释解释这些记录的内容。信寄出后，两周都没有消息。两周后的一天早上，一个邮差送来一个平邮的大包裹，包裹里竟然是教区记事录的原件！随书有张保管人寄来的纸条，说他觉得最好把原件寄给我，并请求我一查完就赶紧还给他。他显然是想帮我——无视保管职责把原件寄来无疑证明了他的好心，仅凭这一点，我就不透露他的名字了。原件寄回去以后，他来信说那份宝贵的文件已经重新锁进了教区的文件箱，这真使我打心眼儿里高兴。当然，我认为他这类人也是“书的敌人”，不是吗？

偏执也造成了不少罪过。已故的欧洲著名书商，来自阿姆斯特丹的马勒（W. Muller）在去世几周前来信说：

当然，我们荷兰也有许多“书的敌人”，要是我有幸有您那样的精力和文笔，就会试着给您的书写本姐妹篇。但现在，我所能做的就是和您多少分享一些我的经验。您说印刷术发明以后，任何一本书都“毁之不易”了。但我却必须要说，宗教法庭在这方面就很成功。他们焚烧异教书籍，摧毁了不计其数颇有教益的书籍，这些书都是无价之宝。实际上，我还要告诉您，荷兰居然成立了一个名为“古卷（Old Paper）”的教皇至上协会，这个协会得到荷兰6位天主教主教的支持，已经扩散到全国各地。它的公开目标就是买下所有新教和解放天主教出版的报纸、书籍和小册子，然后当废纸销毁，买书的资金则通过募集“彼得便士”[1]呈给教皇。关于这个协会，新教教徒知道得自然很少，很多人甚至不承认它的存在，但我有幸得到一份主教下发的印刷传单，其中的数据表明，以这种方式收集的文献已经达到

1 彼得便士（Deniers de St. Pierre），天主教徒呈给罗马教皇的现金。

了惊人的数量，仅一个地区三个月内募集到的购书资金就高达1200英镑。不用说，这项工作得到了天主教神职人员的大力支持。如今，仅仅是三四十年前或50年前的一些短暂面世的书，要想求到，困难也是无法想象的。那个时期留存下来的历史书和神学书非常少，小说和诗歌更是无迹可寻，医学和法律方面的书籍倒还较为常见。对此，我必须要说，不论是印书还是毁书，都没有哪个国家能超过荷兰。

我承认，在我看来，买断一切反对文献的做法是很短视的，很可能导致重印量激增，这种激增在上面那些被买断的领域是肯定会出现的。

天主教毁了不少书，英国国教也好不到哪儿去，布莱顿的书商史密斯就给出了如下证据：

我提请您注意，过去两个世纪的神职人员也应该包括在您的（毁书狂魔）名单里。我就有如下惨痛的经验。这些神职人员的图书馆里，大量书籍都有缺页的现象，许多甚至整章都被撕掉了。我猜他们这么做是为了借用伟人的智慧，直接撕掉还能节省时间。但这给卖书行业造成了困难：他们的书是作为品相完好的书来购买的，转卖时，买家一旦发现缺损，就向卖家索赔，而卖家却没处索赔。

在那些轻率的毁书者中，现今仍在搞破坏的还包括政府官员。成车值得研究的文献，装订的、没装订的，以现代官样文章的标准来看都是垃圾，常常当废纸卖了。[1]有些被抢救出来以高价卖出，而有些却已经永远地遗失了。

---

1 奈尔·圭恩（Nell Gwyn，1650—1687，查理二世的情妇）的私人《家政记事》（*Housekeeping Book*）就在其中，里面记录了查理一世时期许多对王室必不可少的古怪物件。幸而这本书在被抢救的文献之列，现存于一家私人图书馆。——原注

1854年，专利局的专家制作了一批令人感兴趣的蓝皮书，当然是掏了国家的腰包。这批书印有1617年到1854年每一种重要专利的细节图，这些图都来自原始专利说明书和说明书附图。每本都价格低廉，只收取工本费。对于这类文献，大众自然漠不关心，但是对特定技艺的起源和发展感兴趣的人却十分关心，因此许多专利都被做研究的人买走了。尽管如此，大批的存货还是有些太占地方，于是专利局不得不在1879年把它们转移到其他办公地点，这就出现了一个怎么处理它们的问题。这些蓝皮书曾花费国家上千英镑，此时却完全当废纸卖给了造纸厂，近100吨蓝皮书就这样以每吨3英镑的价格被运走了。虽然这件事千真万确，但人们还是很难相信。有些蓝皮书确实没人要，但还有很多蓝皮书，尤其是早期的蒸汽机和印刷机专利说明书，一书难求。最可气的是，许多被捣成了“纸浆”的说明书后来又重印了不止一次。

第六章　书虫

蠹虫碌碌忙不休，
锦书玉卷祸临头。
打洞钻孔穿书页，
页页口下不留情。
岂知书卷千般好，
哪管其中益处多。
良莠不分都污损，
圣贤才俊莫能逃，
知识智慧尽皆抛。
若问蛀书为哪般，
一语道破个中由：
书是蠹虫口中粮。
驱虫椒草全不怵，

皮革之书等闲蛀。

求学之士应有识，

小小爬虫不足惧。

但取藏书开卷阅，

管教蠹虫丧淫威。

——J. 达沃斯顿[1]

书虫曾是书籍最可怕的敌人之一。之所以说“曾是”，是因为与50年前相比，书虫对普天下文明国度的危害已大大减小了，这一点值得庆幸。一则古董的地位上升，受到各地的普遍看重；二则更因人性贪婪，古书之价值逐年上涨，主人自然大加爱护；三则出版的书，书虫能啃动的越来越少。

在漫长的“黑暗”时期——之所以称其为“黑暗”，是因为今人对之知之甚少——书籍的保管者

1　约翰·弗里曼·米尔沃德·达沃斯顿（J. Doraston，1782—1854），英国博物家、诗人。

和制作者均由修道士担当。这些修道士不用担心有书虫，因为书虫虽然贪吃，但羊皮纸不合它们的胃口，且一般的纸张尚未出现。更早之前，埃及有一种莎草纸。书虫是否啃食过这种莎草纸不得而知，但考虑到莎草纸纯由植物纤维制成，被啃食的可能性很大。假如真是这样，那些虫子很可能就是今天这些臭名昭著的书虫的直系祖先，它们咬坏地契、蛀烂科学书籍，让约瑟[1]所在的法老时代的神圣祭司们头疼不已。

在印刷术诞生以前，书稿十分珍稀，受到人们精心的保护。随着印刷业的出现，纸质书籍大量出版，图书馆增多，读者群壮大，物以多为贱，书籍的地位大大降低。大量的书籍被堆放到无人问津的角落，图书馆遂沦为公认的书虫巢穴。这些书虫常为人提起，鲜为人所见，是藏书家的死敌。

---

1 约瑟是《圣经》中的人物，曾被卖到埃及为奴，后成为埃及的宰相。

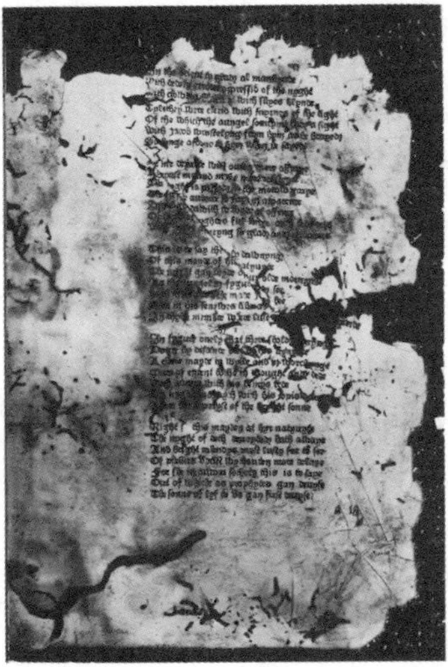

故此，任何一种欧洲语言，不管是古老的还是年轻的，几乎都包含人类对书虫的诅咒。数百年来，古典学者们动用各种格律的诗歌对书虫大加笔伐。1683年皮埃尔·佩蒂特（Pierre Petit）专门写了一首拉丁文长诗，表达对书虫的不满。帕奈尔（Parnell）亦有一篇绝妙的《书虫颂》，广为人知。你听他哀叹：

你毁坏了我的卡图鲁斯诗集，
你删减了我的萨福诗歌。

接着——

我该如何向无数圣贤交代，
你以那狼吞虎咽的胃，
吞食了他们的丰功伟绩和辛劳汗水。

相较之下，佩蒂特明显对被他称为“孽畜”的书虫怀有私人恩怨，因而把这个小仇家称作“大胆孽畜”和“书瘟疫”。

正如自传的开头常常先放肖像画一样，好奇的读者可能想知道，这种让满腹经纶的学者们火冒三丈的“大胆孽畜”到底长什么样。要回答这个问题，就像描绘变色龙一样困难。因为从观察者们的描述来看，书虫的个头不同、体型各异，有多少个观察者，就有多少种书虫。

西尔维斯特（James Joseph Sylvester）在其著作《诗律》（*Laws of Verse*）中干巴巴地写道，书虫是“一种微小的生物，常在储藏着知识的书页上蠕动，一旦被发现就浑身僵直，变得像一块污渍”。

对书虫的最早记录出现在罗伯特·胡克（R. Hooke）的对开本书籍《显微图谱》（*Micrographia*）中。该书于1665年在伦敦出版，由伦敦皇家学会（Royal Society of London）出资印刷。书中描写了作者用显微镜观察到的大量事物，这些观察往往精准与谬误齐飞，趣味共荒诞一色。

在该书中，作者对书虫进行了冗长而细致的描述，但其中夹杂了大量荒谬的错误。作者称书虫为“一种白色的、泛着银光的小虫或蛾子，常见于书籍和报纸中，在书页和封皮里打洞的应该就是它们。头部大而平，从头至尾由宽而细，形状好似胡萝卜……头前端有两条触须，又长又直，根部粗，尖端细，有一圈圈的花纹或一节节的凸起，十分古怪。上面毛茸茸的，好像狗尾草……尾部有3根尾须，和头上的两根一模一样。足部多毛，有鳞片。它们很可能以书页和书封皮为食，在上面咬出圆形的小洞。随着纸张的老化，用于造纸的大麻皮、亚麻皮也必然经历了反复的摩擦剐蹭、水浸日晒，从而使虫子能够轻易地从中获得养料。一想到这小小的生物——岁月的啮齿——竟吞得下偌大的一堆锯末、木屑，我不由得感慨天工的精巧。天地造化将生命之火存于生灵之体，食物入胃为其提供源源不断的滋补，肺叶吐纳助其不断发展壮大”。此外，为这段描述所配的插画，或者说“形象”，也是十

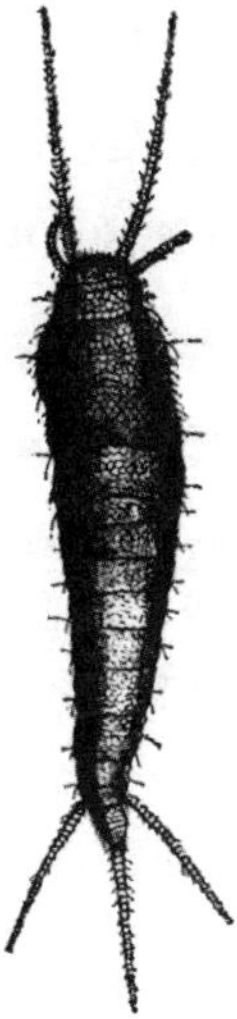

自然大小的书虫

放大的书虫

伦敦皇家学会会员罗伯特·胡克1665年于伦敦出版的《显微图谱》中的书虫图像

分精美的。罗伯特·胡克是伦敦皇家学会会员，他在描写时无疑或多或少发挥了自身的想象力，《显微图谱》中的版画和描述显然都是以他的想象为基础的。[1]

昆虫学家似乎不太关注“书虫”的自然史。柯比[2]在谈到书虫时说“这种草螟的幼虫结完蛹，会用自身的排泄物把蛹包裹起来。它们能对人造成不小的危害”，以及“我常观察一种小蛾子的幼虫，它们住在潮湿的旧书中，大搞破坏。许多珍稀的黑色花体字古书都被这些破坏者霸占了，在藏书热风靡的今天，这些书堪比黄金”。……

---

1 并非如此！从收到的几封来信中，我注意到，实际上胡克所描写的显然是衣鱼（Lepisma）。衣鱼一般没有多大的破坏力，常见于旧屋子的温暖角落，尤其是既温暖又潮湿的地方。胡克误把衣鱼当作了书虫。——原注

2 威廉·柯比（William Kirby，1759—1850），英国昆虫学家。

从前面引用的诗来看，达沃斯顿对书虫的描写是非常模糊的。对他来说，书虫就是诗中的“蠹虫碌碌忙不休”和“小小爬虫”。汉内特[1]在一本有关书籍装帧的书中说，“大斑螟（Aglossa pinguinalis）”才是书虫的真名，而加蒂[2]夫人在她的自然寓言故事中却把书虫叫作“小咪小蠹（Hypothenemus eruditus）”。

F. T. 哈弗格尔（F. T. Havergal）牧师数年前曾在赫里福德（Hereford）教堂图书馆饱受书虫之苦。他说书虫是报丧虫，其中一种“外皮较硬，呈深褐色”，另一种“身体呈白色，头部有褐色斑点”。霍姆（Holme）在1870年的《按语与征询》（*Notes and Queries*）中说，家具甲虫对阿拉伯手

---

1 约翰·汉内特（Hannett），英国印刷商、书籍装帧领域先驱。

2 玛格丽特·加蒂（Margaret Gatty，1809—1873），英国儿童文学作家、海洋生物学作家。

稿造成了很大破坏，这些手稿是伯克哈特[1]从开罗带回来的，现存放于剑桥大学图书馆。还有作家说书虫的学名其实是“粉螨（Acarus eruditus）”或“家具窃蠹（Anobium pertinax）”。

对于书虫，我本人所见不多，但结合图书馆馆员告诉我的和我自己的推断，我想真实的情况大概是这样的：

吃书的幼虫有好几种，有足的是蛾子的幼虫；无足的，更准确地说足部未发育完全的是甲虫的幼虫。

我们还不知道有没有哪种幼虫能世代仅靠吃书为生，不过已经知道有几种蛀木虫，以及几种以烂菜叶为食的昆虫爱吃纸。过去的装订工习惯用真正的木板装帧书籍，那些一开始就受这些木板吸引的

1 约翰·路德维格·伯克哈特（Johann Ludwig Burckhardt，1784—1817），瑞士旅行家、地理学家和东方学家。

昆虫尤爱吃纸。持这种观点的乡村图书馆馆员拒绝打开图书馆的窗子，唯恐书籍的敌人从附近的树林飞进来，在图书馆繁衍后代。的确，任何人见到榛子上的虫洞或朽木上的窟窿，都能看出这些洞和书中虫洞的相似性。

吃纸的蛀虫包括以下几种：

1.“窃蠹属”。这类甲虫有几个不同的品种：家具窃蠹、粉蛹和家具甲虫。它们的幼虫类似坚果里的虫子幼虫，二者极其相似，很难区分。这种虫啃食干燥的陈年旧木，常常成群结队出现在书箱和书架上。它们蛀烂古书的木质封面，钻入书里面，咬出又圆又深的小洞；如果是斜着往里钻，这些洞就呈椭圆形。它们能这样把排在一起的多本书咬穿。著名的书志学家佩尼奥（Peignot）就见过一条虫一连蛀穿了27本书，这条虫的胃口之大令人称奇，但我对这件事“半信半疑”。幼虫过段时间就化成蛹，蛹破了便长成褐色的小甲虫。

2.“蛾类”。这类幼虫和窃蠹属幼虫大小差不多，有足，所以一眼就能和窃蠹属幼虫区分开。这是一种毛虫，有 3 对胸足、4 对类似吸盘的凸起，外观似蚕，化蛹后变成褐色的小蛾子。啃食书籍的是这一类中的褐家蛾（OEcophora pseudospretella），它喜欢温暖潮湿的环境，食用一切带纤维的物质。它的幼虫与园林类蛾子的幼虫不同，除了足部外，外形和大小都很像窃蠹属。它长约半英寸（1.27 厘米），头上有角，口器发达。虽然它似乎并没有特别讨厌油墨或书写用墨，但我猜想，除非它特别强壮，否则油墨对它的健康应该是很不利的，因为我发现，书中有油墨的地方，虫洞大多很浅，不足以把幼虫养大。但是，尽管墨水不利于它的健康，依然有很多幼虫存活下来，它们在黑暗中悄无声息地昼夜啃食，探索自己的命运，凭借各自不同的体力，在书中留下或深或浅的虫洞。

1879 年 12 月，北安普敦市（Northampton）有名的书籍装订商伯索尔（Birdsall）好心寄给我一只胖嘟嘟的小虫，它是手下工人在装订一本古书时发现的。小虫丝毫不觉旅途劳顿，到我手里时依然生气勃勃。我把它放在一个安静温暖的盒子里，里面有卡克斯顿印刷的波伊修斯（Boethius）作品里的几片碎纸，还有一张17世纪的古书页。它吃了点儿书页，但是，不知道是因为新鲜空气太多还是不适应新的自由，或是因为食物变了，它渐渐衰弱，大约三周后就死了。对于它的死，我颇感遗憾，因为我本想在它状态最佳的时候查明它的身份。幸而大英博物馆昆虫部的沃特豪斯（Waterhouse）在它死前对它进行了检查，认为这是一只褐家蛾。

1885年7月，大英博物馆的加尼特（Garnett）博士也送给我两只虫，这两只虫是在一本刚从雅典运来的希伯来文注释的古书中发现的。它们在路上无疑受了不少颠簸，到我手上时，有一只已经奄奄一息，没过几天就一命呜呼了；另一只倒是很有精神，和我一起住了将近一年半。我尽我所能地照顾它，把它放在小盒子里，摆上三种旧纸供它择食，并且很少打扰它。但它显然不愿遭受这种监禁，吃得少，动得也少，一直到死，样子都没什么变化。这只希腊书虫一肚子希伯来经典，在很多方面都和我见过的书虫不同。它更细、更长，看上去比英国的书虫更孱弱。它的身体是透明的，像薄薄的象牙，上面有一条贯穿身体的黑线，可能是肠道。它在世间流连许久，离世时受到我的“深切哀悼”，因为我一直盼着它发育成熟。

这些蛀虫之所以难以饲养，大概是因为它们的身体构造。在自然状态下，它们可以倚在虫洞边上，依靠身体的伸缩，用带角的口器拱食前面的纸墙。狭窄的空间好比它们的命根，一旦失去这种空间上的束缚，即便躺在食物堆中，它们也无法进食，因为它们无足，站不稳，又缺乏自然状态下的支撑。

大英博物馆有不计其数的古书，却能免于书虫的祸害，这实在令人赞叹。赖伊是大英博物馆新离任的印刷书籍管理员，他来信告诉我：“我在职期间，一共见过两三只书虫，都十分孱弱。

记得一只送给了自然历史部的亚当·怀特（Adam White），他说那是一只家具窃蠹。后来就不知道怎么样了。”

没有亲眼见过老图书馆的读者，就无法想象书虫的破坏力有多么强大。

我面前就有本精美的对开本，用上乘的本色纸印刷，纸张厚度和厚实的绘图纸差不多，是美因茨市（Mentz）的彼得·瑟法[1] 1477年印制的。这本书有段时期疏于保管，结果遭到了书虫的严重破坏。大约50年前，有人决定给它重新制作封皮，但是由于装订工不小心，不幸又使书严重受损。经历了上述两次劫难，封皮的原貌已经不可考，但是书页的受损情况却可以精确地描述出来。

这本书正反两面都遭到蛀虫啃食，第1页有212个清晰的虫洞，大小不一，小的有针孔那

---

1 彼得·瑟法（Peter Schoeffer，约1425—约1503），德国出版商、抄书匠，跟随古登堡做过学徒。

么大，大的和粗编织针扎的洞差不多，总的来说在 $\frac{1}{23}$ ~ $\frac{1}{16}$ 英寸（1.10 ~ 1.59 毫米）范围内。这些洞大多从内到外呈一条和封面大致垂直的直线，极少数虫洞只有三四页深。以下展示了这些虫子的破坏力差异：

第 1 页 212 个洞

第 11 页 57 个洞

第 21 页 48 个洞

第 31 页 31 个洞

第 41 页 18 个洞

第 51 页 6 个洞

第 61 页 4 个洞

第 71 页 2 个洞

第 81 页 2 个洞

第 87 页 1 个洞

第 90 页 0 个洞

这 90 页纸很厚，约有 1 英寸（2.54 厘米）。全书共 250 页，翻到最后一页，至少有 81 个洞，这是由一群胃口较小的虫子制造的。

倒数第 1 页 81 个洞

倒数第 11 页 40 个洞

倒数第 66 页 1 个洞

倒数第 69 页 0 个洞

有一个奇怪的现象：随着书页的翻动，这些洞的数量一开始急剧减少，后来减少得越来越慢。顺着一个洞一页页追查下去就会看到，到了某一页，这个洞一下子缩小到只有原来的一半大，再仔细一看就会发现，下一页该打洞的地方有轻微的磨损。在这本书里，书虫之间好像在进行着某种比赛。体弱的虫子在前 10 页就落在了后面，下一个 10 页，还有 48 只；再下一个 10 页，减少到 31 只；再下一个 10 页，只剩下 18 只了。到了第 51

页，只有6只还在坚持。快到第61页时，又有两只放弃了。在第61页到71页之间，只剩下两只强壮的贪吃虫并驾齐驱，每只都咬出一个大洞，其中一个洞呈椭圆形。到了第71页和第81页，这两只虫仍然不分上下。到了第87页，那只椭圆形虫洞的主人先败下阵来，圆形的又向前啃了3页，啃到第4页时放弃了。剩下的书页都完好无损，直到倒数第66页出现了1个虫洞。之后虫洞越来越多，直到最后一页。

举这个例子是因为手头恰好有这本书，但实际上，许多书虫打的洞要比这本书中的洞深得多。我亲眼见过有些虫子甚至能将包括封面带内页在内的大部头一连蛀穿好几本。瑟法印刷的这本书，两头被蛀，中间完好，很可能是家具窃蠹的杰作。这本书的封面原来是木质的，蛀虫无疑正是从这里开始下口的，然后咬穿木板，钻入书中。

我清楚地记得，1858年，为了查看卡克斯顿版的精美藏书，我第一次造访牛津大学博德利图书馆（Bodleian Library）的情形。当时的图书管理员是班迪诺（Bandinel）博士，他为人和善，为我提供一切便利，帮我达成此行的目的。在图书馆的一个抽屉里，有一包存放了很久的印着黑色花体字的碎纸片。我拿出来看时，发现里面有只蛀虫的幼虫。我毫不迟疑地把它扔到地板上，一脚踩死了。没过多久，我又看到一只，这一只肥胖油亮，身体长长的。我把它小心翼翼地放在一个小纸盒里，打算观察它的生活习性和生长发育情况。看见班迪诺博士在旁边，我就叫他来看我的收藏。可是，我刚把这个扭动的小俘虏放到蒙皮的桌面上，班迪诺博士的大拇指盖就从天而降，一下子把它压成了一团1英寸长的污渍，使我的希望化为泡影。这位大书志学家一边在外套袖子上擦着大拇指，一边说："对了，它们还有黑头的呢！"这倒是个重要的消息，这个消息给昆虫学家提供了新的发现。我刚刚收集的这条虫，头是白色的，坚硬而有光泽。至于黑头的，我从来没有听说过，以后也再没有听到过。博德利图书馆之所以有黑头的书虫，大概是因为那里有丰富的黑色花体字藏书。不管怎样，这只白头的确实是窃蠹。

我曾经相信书虫能放在纸盒里豢养，这种荒唐的想法使我遭到了无情的嘲笑。唉，这些批评家！书虫是一种懒惰又害羞的动物，一旦从书里被“驱逐”出来，需要一两天的时间才能恢复食欲。另外，它有自己的尊严，决不会去吃那些把它围困起来的大堆纸屑，那些纸屑不过是光滑的劣质笔记纸而已。

卡克斯顿版的《圣母的一生》（*Lyf of Oure Ladye*）不仅有无数小虫洞，书页底部还有一些很大的孔道。这种孔道极为罕见，很可能是白腹皮蠹（Dermestes vulpinus）的幼虫制造的。白腹皮蠹是一种园林甲虫，食量巨大，能吃任何干燥的木质废料。

如前所述，当今蛀虫可以啃食的书籍已经很少。现代纸品掺入了大量杂质，书虫碰也不愿意碰。它的天性让它拒绝食用瓷土、漂白剂、熟石膏、重晶石粉等数十种用来和纤维掺杂的物质。虽然饱含智慧的古老文学典籍比现代的垃圾作品更难抵御时间的侵蚀，但多亏了现代人对古书的普遍兴趣，书虫的苦日子来了，它几乎再也享受不到那种无人打扰的清静，丧失了那种生存的必要条件。在这种情况下，愿意耐心钻研的昆虫学家们更应该趁书虫还未绝迹，效仿约翰·卢伯克（John Lubbock）爵士研究蚂蚁的事迹，对书虫的习性展开研究。

我的面前就有一些书籍散页，这些散页被崇尚节俭的英国首位印刷商卡克斯顿粘起来制成了纸板。不知道是因为老糨糊的吸引，还是因为别的什么原因，书虫没有像平时那样一来就往中间钻，而是沿平面啃食，啃出一道道长沟，但始终不超过封面的范围。因为这些长沟，这些纸一掀开就会化成碎片。

虽然这种情况已经够糟糕了，但幸亏英国气候温和，没有那些炎热国家才有的书之敌。在一些炎热国家，书籍、书架、桌椅乃至整个图书馆都可能一夜之间被蚂蚁大军毁灭殆尽。

我们的美国兄弟在各方面都很幸运，尤其是他们的书没有书虫，至少美国作家们都说没有。的确，他们所有珍贵的古书都来自欧洲，花费不菲，故而精心保存。但是他们还有成千上万本17、18世纪的书，这些书在美国本土印刷，纸质优良。虽然这些书采用的是罗马字体，但书虫吃书只关心纸质，不挑剔字体，至少在英国是如此。

或许美国古老图书馆的管理员和我们面临着截然不同的情形。了解了这一点，就会觉得下面这些记载格外有趣：根据林沃尔特（Luther Ringwalt）在费城编印的巨制《印刷百科全书》[1]记载，书虫

1 《美国印刷百科全书》（*American Encyclopaedia of Printing*），八开本，作者卢瑟·林沃尔特，费城，1871年。——原注

在美国是个生客，大多数美国人都不知道它，它造成的任何破坏都被视为罕见的怪事。林沃尔特引用迪布丁的话并结合自己的想象写道：“这种吃纸的蛾子应该是随荷兰的猪皮装帧技术传入英国的。”最后，他少见多怪地写道：“费城一家私人图书馆里有本书，上面就有这虫子蛀的洞！”任何在上百本书中亲眼见过书虫为害的人，都会感到这句话是多么天真可爱！唉！幸运的费城人！你们拥有全美国最古老的图书馆，却要经过私人藏书家的允许，才能看到全城唯一的一个书虫洞！

第七章　其他害虫

除了书虫之外，我觉得没有什么昆虫是值得花费笔墨去描述的了。家生的黑壳甲虫，又称蟑螂，引入英国是近期的事件，尽管它们有时会啃啃书的封皮，尤其是那些放在地上的书，但是还不足以造成什么危害。

然而，我们美国的兄弟就没那么走运了。1879年9月那期的《图书馆杂志》（*Library Journal*）中，韦斯顿·弗林特（Weston Flint）描述了一种可怕的小害虫，它对纽约图书馆藏书的布封面造成了巨大危害。这是一种被科学家们称作“德国蜚蠊（Blatta germanica）”的黑色小甲虫，或者说是蟑螂，一般人都叫它“茶婆虫（Croton bug）”。居家常见的害虫多寄居于厨房，天性的羞怯使它们更倾向于在夜间黑暗隐秘的时刻出没。这种扁平小虫，虽然看起来发育不良，两只合起来才抵得上一只中等个头的英国同类，但是它们却有着足以弥补它矮小个头的无耻厚颜：它们既不怕光也不怕吵，人和动物更是不在话下。1551 年的旧版英文《圣经》，我们可以在《诗篇》第 91 章第 5 节读到这样的文字："你们无须惧怕黑夜里的任何害虫。"在西方图书管理员的耳中，这句诗文有若空响，因为他们对于"害虫"的恐惧并不局限于黑夜，还有白天。这些害虫会在光天化日之下大摇大摆地爬来爬去，将书架据为己有，侵占每一个角落，侵染每一条裂缝。杀虫粉对改善这种情况虽有奇效，但对书本和书架有副作用。尽管如此，这种药粉对于这一类害虫仍然是致命的，只要有一只虫子显现出一点病恹恹的样子，它就会立刻被贪婪的兄弟们当作一道新鲜的肉酱大餐吞食殆尽。这让图书管理员们稍感心安。

还有一种银白色的小虫（衣鱼），备受忽略的书本最后的书末索引处常见其踪影，但是它们造成的破坏实在不足挂齿。

同理，我们也不能将鳕鱼列为书籍的大敌，除非它们确实是天主教徒，就像那条神奇的书呆子鱼（抱歉了，欧文[1]教授），在1626年吞下了新教的殉道者约翰·弗思[2]的三篇关于清教的论文。无怪乎它在这顿大餐之后没多久就落入了渔网，并且得以在文学史上留名。有人为这件事写了一本小册子，题为“鱼之语（Vox Piscis）”，又名“携带着三篇论文的书呆子鱼，这几篇文章发现于1626

---

1 原文为“Owen”，即理查德·欧文（Richard Owen，1804—1892），英国生物学家、比较解剖学家、古生物学家，“恐龙”的命名者，对鱼类、爬虫类等有特别研究。

2 约翰·弗思（John Frith，1503—1533），新教牧师、作家、殉道者。1532年因“持有异教书籍”被捕并关押在牛津市的一个鱼窖内，于1533年7月4日受火刑而死。

年的一个仲夏之夜，剑桥集市上的一条鳕鱼肚子里”。[1]朗兹[2]说（见“特雷西”[3]名下）：“这份作品的出版震惊了剑桥。”

相比之下，有时候家鼠的破坏力会强得多，从以下这件逸事中就可见一斑：两个世纪前，威斯

---

1 1626年，剑桥大学基督学院的约瑟夫·米德教授在路过剑桥集市时，发现一个卖鱼妇人在一条鳕鱼肚子里找到一本用帆布包着的薄册子，即正文中提到的那三篇论文。

2 威廉·托马斯·朗兹（William Thomas Lowndes，约1798—1843），英国书志学家。主要作品为《英国文学书志手册》（1834年）。下文中“特雷西”指朗兹将《鱼之语》一书归在了特雷西名下。

3 原文为“Tracey”，应为“Tracy”的误拼，即理查德·特雷西（Richard Tracy，？—1569），1515年毕业于牛津大学。新教改革者，英国下院议员。1535年时人们认为他的作品和约翰·弗思的一样“思想危险”。也有人认为上文鱼腹中的册子是特雷西的作品。

敏斯特教堂主教参事会的图书室就设立在座堂会议厅内。当时座堂会议厅急需修葺，建筑工就在厅内搭起了一套脚手架，但是那些书还留在书架上。墙上为脚手架预留的一个洞，被一对家鼠选作了居家之所。为了给小家伙们营造一个窝，它们爬到书架上，从好几本书里撕走了不少纸张。那是个温馨舒适的小窝，直到有一天，建筑工完成了他们的工作，脚手架的支柱都被拆除了，然后——哎呀，这对那群家鼠意味着——那个洞就被砖石水泥给堵上了。鼠爸爸和鼠妈妈，连带着它们的五六只幼崽，都被活埋了，顷刻间命丧黄泉。几年前，会议厅的修复工作再度启动，为了搭脚手架，这座家鼠的坟墓又被打开，它们的尸骨和窝这才被人发现。它们的骨头和窝里的碎纸片现在陈列在会议厅的一个玻璃展柜内，有些碎纸片甚至来自卡克斯顿出版的图书。可是有些 1568 年的木刻书就不是这么回事了，里面还包含几张早期黑色花体字书籍的书页，那些书现在连大教堂的图书室里都找不到了，包括著名的带木刻画的《维多利亚女王的祈祷》（*Queen Elizabeth's Prayer*）一书。

一个朋友告诉了我一个奇遇："几年前，一些老鼠在我家周围的树林里搭了窝，它们大概从那里跳上了平房的屋顶，然后沿着烟囱一路进入了我放书的屋子。一部分羊皮纸封面的书被完全摧毁了，还包括五六本羊皮纸全本。"

另一位朋友也告诉我，德文和埃克塞特学院（Devon and Exeter Institution）自然历史博物馆有一种小虫，那是"另一种小害虫，特别喜欢啃啮牛皮和绵羊皮仿摩洛哥革装订的书，它们的学名叫黄蛛甲（Niptus hololeucos）"。他还说："你有没有注意到，这些虫子有个可怕的盟友，它们有个滑稽的名字，叫'为一类蠹虫（Tomicus typographus）'。它们在17世纪的德国造成了令人心痛的破坏，德国旧时的祷文里正式提到过它们，俗名叫'土耳其佬'。"［见柯比与斯彭斯合著的《昆虫学导论》（*Entomologists*），第7版，

第123页，1858年。］这件事很奇怪，我对这种虫子一无所知，尽管我知道为一类蠹虫，即“切梢小蠹（Cutting printer）”是（好）书的死敌，然而，这类话题，我并没有发言权。

以下内容摘自剑桥大学音乐博士W. J. 韦斯特布鲁克[1]给我的来信，代表了我个人所未遇见的破坏：

亲爱的布莱兹：

我给你寄了一份“敌人”样本——一只普通家蝇的部分残留[2]。它藏在纸张背后，分泌出腐蚀性的液体，然后就撒手人寰。我经常在

1 原文为“W. J. Westbrook, Mus. Doe.”，其中“Doe”疑为“Doc”误拼，即“William Joseph Westbrook, Doctor of Music”，威廉·约瑟夫·韦斯特布鲁克（1831—1894），音乐博士，从事乐曲改编工作。

2 原文为“mosity”，疑为“moiety”误拼，改译作“部分”。

这样的洞里发现它们。

1983 年 12 月 30 日

这处破损为椭圆形的孔，周围有一圈毛茸茸的覆盖物（大概是菌丝？），很难用木刻画表现。这里给出的是确切的大小。

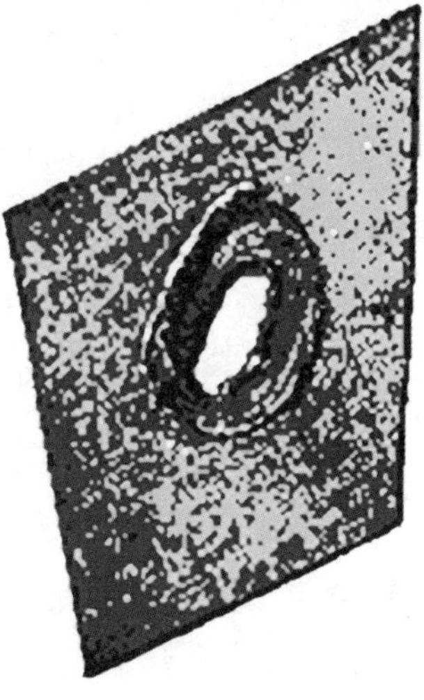

第八章　书籍装订工

在第一章中，我在书籍大敌之列提到了书籍装订工。因此而恼怒的书籍装帧师会对印刷商恶语相向，并且将他们一并归入这一类。这样的场景，我一想到就会脊背发凉。对于印刷商的罪过，还有致使他们的印刷成果寿命大大缩短的刻意忽视之事，我并不想多加赘述。旧时俗语常道："家丑不可外扬。"我也许不该把这种情况和其他一些当代事例当作奇闻逸事写成一个章节。因此，我在这里只记述一些由于愚昧无知和粗心大意而使书本遭殃的事例。

书本就像人类一样，也有着灵魂和身躯。对于其灵魂，即文字部分，本书不做讨论；而身躯，即它的装帧和封面，就是装订工的特殊责任了：没了这一部分，就无从进入书本内部。这么说吧，装订工为书籍注入生命，他设计了书的外观和装饰，处理书本中的蛀孔和虫伤，而且时常得在一本书完成其使命之后将它拆分开来。这样的事情，就像在自然界中一样，是利弊并存的。得以把玩一本装订精致的书实在是一大幸事。打开书本之后，内页完好自如地展现在眼前，就好像在引诱人一读究竟。你可以把它拿起来，而不必担心整本书会在你手里散架。欣赏它封面的烫花也是种享受：细致的设计和艺术的技巧得以结合起来，随处可见其精妙。打开封面，可以发现外表的精致原来是来自内部的延伸，它所贯彻的工匠精神是那样的真诚。确实，精良的装帧对于书本具有极强的保护力。许多毫无价值的书籍凭借它精致的装帧得以流传百世，就因为人们对它那副好皮囊肃然起敬；而许多真正有价值的书籍则不得善终，很早就失传了，就因为它们有碍观瞻的外皮和无法修复的装订。

装订工使用的最具杀伤力的武器就是切书

刀，其作用就是切掉多余的页边空白。如果没有将印刷品边角和切线对齐，而是放错了地方，就会造成印刷内容本身的缺失。这种尺寸上的缩减常常将一本书从对开本切成四开本，或是将四开本切成八开本。

和新式的裁切机比起来，使用老式手动切书刀时，装订工要想切出一条平整的切边需要更加细致小心。要是一个粗心的工人发现他没有将页边切得和文字边缘平行，他会把书本放进切书刀里再修一修，有时还得再切第三刀。

但丁在他的《神曲·地狱篇》中，根据各种丧尽天良的罪犯对受害者犯下的罪孽，列出了他们所应受的刑罚。我所见的一些珍贵的书本在装帧上受到了极大的摧残。它们从未被人触碰的干净纸张遭受了野蛮的对待，尊严尽失，连同其美丽和价值。对于这些罔顾他人信任的装订工，如果能让我来执行对他们的刑罚，我会收集那些被残忍割下的纸张边缘，点起一堆火来，然后把犯下这些暴行的罪人放在火上慢慢烘烤。早些年，人们还没能认识到书籍的价值，有的装订工出于无知而犯下的罪孽也得以被原谅，这种情况时有发生。但是现在这样的年代，人人都了解了古旧书籍的历史价值和文物价值，装订工的粗心之过也就无法再被原谅。

有人认为，鉴于各类信息的广泛传播，愚昧造成的危险已经消失殆尽，然而事实并非如此。亲爱的读者们，这只不过是一个虔诚许下并等待实现的美好愿望，“那正是我们求之而不得的结局”。让我来告诉你们一个书志学史上的逸闻：1877 年，有这么一位勋爵，他继承了一批古书籍藏品，并且承诺将其中最珍贵的几册（包括好几册卡克斯顿版藏书）送到南肯辛顿（South Kensington）进行展览。他觉得这些书的品相破烂不堪，于是决定将这些书送到邻郡的首府重新装订，全然不知这样的行为会造成怎样的后果。这些书在完成“修复”后很快被送还到他手上，灿烂辉煌，华丽至极。听说这位勋爵当时很是满意，但没多久就被当头泼了冷水。他的一位朋友向他指出，尽管那些书本褪色的边缘被切去了，带着岁月印迹的空白页连同上面来自15世纪的手迹，全部被替换成了干净漂亮的扉页，但是其后果，从最低层次来看，也就是书本的市场价值方面，它们的价值经过这番破坏已经跌了至少500英镑。而且一旦送展，刻薄的评论必定会即刻接踵而来。最终这些可怜的受损书本没能出现在展会上。

几年前，一本由英国印刷商马齐里纳（William de Machlinia）印制的稀世珍本——薄薄的一册羊皮装帧对开本出现在人们的视野里。它由一位乡下的装订工发现，被裁剪成四开本的宣传册子大小，但是千万不要以为这样的乡下装订工是唯一的罪人。前不久，在伦敦最大的图书馆里发现了一本独一无二的卡克斯顿出版的图书。它用木板装帧，保留了最初由15世纪的装订工完成时的样子。那时人们为了争夺这个没主的宝贝很是折腾了一番。当然，读者们肯定会问，这本书后来是不是一直保持着原始的装帧，它一切相关的东西都没人碰过吗？没这回事儿！书的主人不仅没有做个合适的盒子把它好好地按原样保存下来，反而将它送到了伦敦一位有名的装帧师手上，要求“重新用天鹅绒装帧”。那位装帧师使尽浑身解数，于是现在这本书从烫金的边缘到不相符的封面无一不在散发着奢华的光芒，然而，天哪！它周边原先保留的半英寸的页边都被切掉了。我是怎么知道这回事的呢？因为这位聪明的装帧师看见有一页的页边上有一些手写的批注，为了避免切掉这些字迹，就将这一页纸折了起来。这是一项铁证，能够向细致的读者证明这本书原来的大小。还是这位装帧师，在他的另一件活计中，将一份珍贵的来自15世纪的赎罪券泡在了温水里，以此将它从原先黏合的封面上分离下来。其后果就是，这一纸赎罪券晾干后就变得皱皱巴巴、毫无价值了。那位仁兄不久之后就去了另一个世界。我们由衷地希望他的活计没有随他而去，并且祈祷，他身为一个安分的良民和一个诚实的好人所积下的功德，可以抵消他作为一个装帧师所造下的孽。

可能许多读者的印象里都会有相似的事例，毫无疑问，部分装订工会时不时犯下同样的罪过。这些装订工似乎对于毛糙的书页边缘和宽页边空白有着根深蒂固的厌恶情绪。这些东西在他们眼中唯一的作用大概就是填饱碎纸篓。

18 世纪有一位颇有名气的装帧师，名叫德·罗姆（De Rome）。迪布丁给他起了个外号，叫“终极收割机”。这位装帧师虽说在生活中是个值得敬重的人，但对于切书边一事执着成瘾，每一本送到他手上装订的书都难以幸免。他在这点上做得实在是很过分。有一本精制犊皮纸印刷的《弗鲁瓦萨尔编年史》（*Froissart's Chronicles*），这本书品相完好，里面还有著名的藏书爱好者德·图（De Thou）的亲笔签名，却被德·罗姆无情地切除了。

书籍的持有人对空白页边的态度也总是有问题。一位朋友在给我的信中写道：“你所记述的奇闻逸事让我想起了之前打过交道的两位毁书狂魔。有一位用一把刀切掉了藏书的页边，以修剪树篱、开沟挖渠的架势一阵乱砍。他尤其偏爱那种大部头，因为它们有更多纸张可供砍削，而修剪得来的纸条竟被做成了索引标签！另一位则对条理有着变态的执着，他将自己所有的对开本和四开本全都裁成了一样的大小，这样它们就能整整齐齐地排列在书架上了。”

这位朋友所提到的后者，无疑和另一种人是一丘之貉。这种人会把书的页边紧贴着文字边沿一并裁去，仅仅因为他们讨厌其他读者在空白页边上写批注。

有时甚至连书上的印刷字也会遭受侮辱！各位想象一下，一本15世纪早期的黑色花体字印刷四开本，是关于骑士的故事，标注着“宗教宣传册”；或者是一册维吉尔的译本，上面标注着“布道书”。有一本由卡克斯顿出版的《特洛伊历史》（*Histories of Troy*），书名后面被附上“赫拉克勒斯”这几个字，就因为这个名字在书中前几章出现了好多次，而处理这本书的装订工太会自作主张。当装订工不知道该在封面上印什么字时，时常会用“文章杂集”或者“旧文集”这样的词来凑数，类似的例子还有很多。

15世纪后期，印刷术在欧洲迅速传播，造成了没有装饰文字的那种朴素的手抄本的价值大大降低。这直接导致了大量羊皮纸书写的手抄本遭到毁坏。这些书拆解之后，被装订工拿来加固新印刷出的劲敌。这些精制犊皮纸、羊皮纸的纸条在旧书中非常常见。有时候，整页纸都会被拿来当作扉页。这些扉页的存在昭示了许多从前无人知晓的珍贵典籍，也证明了这些典籍曾经遭受的轻视。

许多书志学家在检视古旧书籍时，都曾疑惑地发现一些像卫兵一样从书页之间斜戳出来的短羊皮纸条，这些纸条几乎都来自旧时的手抄本。专家们最初猜测，这是书籍本身受损脱落的碎片，但是仔细检查后发现，这些纸条都出现于一本书的中间部分。它们出现的真正原因，跟那些纸质书籍里时不时夹的皮质纸书页一样，其作用就在于抵消装订线对书籍中部造成的强大拉力。这些纸条的出现意味着有更古旧的书籍被毁。这些书籍，正如我们所见的纸条，在检视时应当小心对待。

当一本珍贵的书籍惨遭虐待，当它被脏手、水迹、油渍弄得破了相，在技艺娴熟的修复工人手中它们总能焕然一新，其变化之大能让一般人惊叹不已。书籍的封面会首先被仔细地剥离下来，修复工人也会仔细搜寻任何可能被最初的装订工用来垫在纸张间的古旧手抄本或早期印本的残片。对于粘连在一起的纸页绝不可用蛮力，一点温水加上一份小心就能解决粘连的难题。等所有的书页都分离开来，修复工人会将它们一片一片分别浸入冷水中，直到所有的污垢都浸泡出来。如果清水不足以净化这些污渍，可以根据污渍的种类（油渍还是墨迹）酌情在水中加一点盐酸、草酸，或者氢氧化钾。但是经验不足的修复工人的不当操作很有可能会把这本书彻底毁了。如果添加的化学药物太强，或者纸页在水中浸泡时间过长，或者在重新裁切尺寸时没有将漂白剂彻底清洗掉，毁坏的种子便会就此埋下。即使短期内书页看起来漂亮耀眼，甚至翻动时会发出像完好无损的纸张那样清脆的响声，但是几年之内恶果就会显露出来，纸纤维会腐坏，整本书最终将损毁到沦为燃烧用的白色废纸。

一切对书籍有害的事物都不利于其保存，都应纳入“敌人”之列。因此，我想针对如何保护旧书的装帧说说我的看法。

我记得很多年前，我在郊区的一家书报亭买了一套莫克森[1]的《印刷实用技能》（*Mechanic Exercises*），现在这套书很稀有。这套书没有切边，还保留着最初的大理石花纹封皮。其老式的装帧深深吸引了我，于是我当场决定将它们纳入收

---

1 约瑟夫·莫克森（Joseph Moxon，1627—1691），英国水文学家、印刷商，主要印刷数学书籍和地图。

藏。我请了一位装帧工人按书的形状为它们制作了一个漂亮的木盒，用摩洛哥羊皮做封底，并在上面压印了书名。相信这样一来，这套原版书便可以在相当长的一段时间内免遭尘埃损伤之苦了。

旧书的封皮，不论是硬面的还是软面的，都应该尽可能地保留其体面。书盒可以随意装饰，置于书架上怎样都好看，而且相比书籍本身的装帧，书盒可以提供更好的保护。除此之外，它还有一个好处：它能使你的子孙后代有幸亲眼见证 4 个世纪以前的购买者刚拿到书籍时的模样。

第九章　收藏家

不过，理应更明白事理的两条腿的人类，在图书馆里所造成的破坏却和其他“敌人”不相上下。我指的并非梁上君子，他们的所作所为不过是把书从一个架子上转移到另一个架子上罢了，这种行为就算是侵害了书主的利益，于书籍本身却是无害的；我说的也不是公共图书馆的某些常客，他们为了避免抄写的麻烦，会把内容从杂志或百科全书里整篇剪下。这样的劫掠并不常见，而且只发生在容易找到替补的书身上，因此这里便略过不提。然而当造物主创造出了怪老头约翰·巴格夫德[1]这样的

1　约翰·巴格夫德（John Bagford，1651—1716），英国古玩收藏家、作家、书志学家。

毁书狂魔时，这就成了一个相当严重的问题。这位怪老头乃是古文物协会（Society of Antiquaries）的创始人之一。18 世纪初，他在全国范围内游荡，从一个图书馆扫荡到另一个图书馆，撕遍了各种大小的稀有书籍的扉页。这些东西被他按作者的国籍和籍贯分类，与大量的传单、札记以及各类杂七杂八的收藏一起制成了百余卷“作品集”，现在收藏于大英博物馆。尽管它们身为印刷史汇编总览的作用功不可没，但这造成了大量书籍的损坏，大大抵消了它们给书志学家带来的贡献。在这些卷帙中，现在完全没听说过的书名随处可见，要不然就是那些最罕见的书的名录。有时候你会看到书籍末页的出版商标记，或者是一本稀有的 15 世纪印刷本首页上的印刷标志，跟其他几十种价值各异、杂乱的内容粘在一起。看到这些，你肯定很难对约翰·巴格夫德这样一个爱好收藏的补鞋匠产生怀念之情。

他的半身像由霍华德[1]绘成，由弗图[2]镌印，后来又为《书国十日谈》（*Bibliographical Decameron*）一书重新镌印了一遍。

坏榜样总是不乏效仿之人，而且每一季的拍卖会上总会冒出一两本这样由藏书狂制成的"作品集"。尽管自称为"书籍爱好者"，但他们实在应该被列为书籍最糟糕的敌人之一。下面的内容摘自一本来自1880年4月的交易目录，里面详细记录了这些破坏者究竟没心没肺到了怎样的地步：

弥撒书彩绘

精制犊皮纸，上面有50个式样各异的大

---

1 休·霍华德（Hugh Howard，1675—1737），爱尔兰肖像画家、艺术品收藏家。

2 乔治·弗图（George Vertue，1684—1756），英国镌板工、古玩收藏家。对18世纪上半叶的英国艺术品所作的笔记有重大研究价值。

写字母，均用金粉彩墨写就。许多有3平方英寸（约19.35平方厘米）；花卉纹样装饰精美无比，年代约在12世纪到15世纪。用厚实的纸板装裱。保存良好，价值6英镑6先令。

这些美丽的文字与早期的艺术品一样有着极高的价值，其中有不少一件就值15先令，但却被从珍贵的手抄本中剪下。

波洛米（Proeme）先生在伦敦的旧书商中是个颇有名气的人。他很富有，为了满足自己在书目收集方面的狂热怪癖愿意一掷千金，尤其是对于书籍扉页的收集。他残忍地扯下这些扉页，将被斩首的书籍尸身抛在脑后，全然不顾。跟毁书者巴格夫德不同的是，这位先生的脑中完全没有一个明确的目标，只是依照一种混乱的方式对他的藏品进行分类。举例来说，有一册卷集里面全部都是铜版印刷的书籍标题，古老的17世纪荷兰精装大开本要是落在他手上那真是遭了大殃。另一册里则都是粗野低俗或古怪有趣的标题，这倒是很好地展示了有些作者是何等的愚蠢自大。在这里你能找到1650年出版的西布斯[1]博士的《各种说教的开膛破肚》（*Bowels Opened in Divers Sermons*），紧挨着它的是误归在加尔文宗[2]信徒亨廷顿[3]名下的《不得好死》（*Die and be Damned*）。其他还有许多粗俗得难登大雅之堂的书名，此处实在不便引述。水上诗人约翰·泰勒（John Taylor）为他的诗歌所起的别致标题给他的诗集增添了活泼之感，使这些

---

1 原文为“Sib”，即理查德·西布斯（Richard Sibbes，1577—1635），英国圣公会神学家。

2 加尔文宗（Calvinist）亦称“长老会”“归正宗”“加尔文派”，是基督教的新教三个原始宗派之一，泛指完全遵守约翰·加尔文《归正神学》及其长老制的改革派宗教团体。

3 威廉·亨廷顿（William Huntington，1745—1813），英国牧师。

书让人心生向往。还有一册卷集只包含了带有印刷商标记的标题。如果忽略掉这些收藏家所造成的破坏，从某种程度上来说你可能还是会挺喜欢这些收藏的，毕竟有些标题蕴含着极强的美感，但这样的爱好并无价值，也不是什么光彩的事情。这样的收藏之风渐渐淡去，随之而来的是藏品的散逸，而这些藏品卷集，尽管完成这样的一册就需要花费200英镑，但是到了交易商的手中可能一本只值10英镑，最后沦落到南肯辛顿图书馆或者什么公共博物馆，被当作书志学奇观的代表。下面这本最近（1880年7月）刚被苏富比拍卖行售出，被归在邓恩-加德纳（Dunn-Gardinier）的收藏中，藏品编号1592：

扉页和卷头插画

集有超过800张来自国内外的镌印扉页和卷头插画（有一些精美异常，十分奇特），从旧书中得来，并细致地粘贴在绘图纸上，装订成3册，半烫金的摩洛哥山羊皮封面，拼装版，对开本。

唯一一本让我享受到纯粹愉悦的扉页集册，是由安特卫普的普朗坦博物馆[1]董事会于1877年出版的一册精美的对开本。就在馆方买下那座漂亮的印刷仓库之后不久，我得到了这本册子，书名叫《彼得·保罗·鲁本斯[2]为普朗坦印刷厂所作的标题和画》（*Titels en Portretten Gesneden naar P. P. Rubens voor de Plantijnsche Drukkerij*），里面包含了35张精美的扉页，都是用17世纪的原版印版重印得来的，这些印版都是1612年到1640年由鲁本斯亲自

---

1 全名为普朗坦-莫雷图斯印刷博物馆，源于普朗坦（C. Plantin）及其女婿莫雷图斯（Jan Moretus）创办的印刷厂。

2 彼得·保罗·鲁本斯（P. P. Rubens，1577—1640），生于德国，是巴洛克风格的代表画家。

为著名的普朗坦印刷厂出版的多本作品所设计的。该博物馆内还藏有鲁本斯的手迹，记录了他对每份印版的收费，并在下角写有“收讫”的字样。

我的面前现在有一本精美的《古董商罗塔的结论和决定》（*Coclusiones siue Decisiones Antique dnor' de Rota*），由古登堡的搭档瑟法于1477年出版。它各方面都很完美，除了一处最重要的地方：书末页的出版商标记被一个野蛮的“收藏家”剪缺了。这一页本来应该写着“1477年1月15日，美茵茨教区，来自盖恩斯海姆的印刷工彼得·瑟法”[1]，后面有瑟法著名的双盾标志。

19世纪初，又一阵类似的收藏狂热流行开来，这一次是收藏从手抄本中剪下的花纹装饰首字

---

1 原文为“Pridie nonis Januarii Mccccclxxvij, in Civitate Moguntina, impressorie Petrus Schoyffer de Gernsheym”，其中，Mccccclxxvij为罗马数字，末尾的j应为误拼。

母，并把它们按字母顺序排列在空白的书页里。许多教堂的图书馆也受到了此种掠夺的重创。19 世纪初期，林肯大教堂唱诗班的孩子们会在唱诗班席旁边的图书室换上礼服。图书室里有大量的古抄本，还有八九本稀有的卡克斯顿出品的版本。这些唱诗班的孩子在等待登台的指示时，经常会用铅笔刀割下书中的装饰字母和蔓叶花饰纹样，以此取乐。他们还把这些剪下的纸片带到唱诗班席上，互相传阅。林肯大教堂当时的教士比这些孩子好不到哪里去，他们让迪布丁博士拿走了所有的卡克斯顿图书进行"考察"。他们真应该三思而后行！迪布丁把这些做成了目录，起名叫"林肯大教堂撷趣"。最终它们都被并入了奥尔索普[1]的收藏。

已故的卡斯帕里（Caspari）先生也是一位"毁

1 奥尔索普（Althorp），一所开放供人参观的豪华住宅，位于英国北安普敦郡达文特里区。该处住宅为斯宾塞家族所有。

书者”。他所收集的早期木刻稀有藏品在1877年的卡克斯顿庆典[1]展览过，后来又通过购买有插图的书籍而不断壮大藏品队伍。这些书中整版的插图都被取出，粘在优质的底板上，以此来丰富他的收藏。他曾经给我展示过一本精装版《托耶丹科》（*Theurdanck*）[2]的残本，这本书也惨遭他的毒手。我这里现在还有他当时给我的几张书页，其镌印之精美和排版之精巧都超过了我所见过的任何

---

1 卡克斯顿庆典（Caxton Celebration）是一场印刷史展览盛典，于1877年6月30日至9月1日开办，为了纪念卡克斯顿第一本图书出版400周年。本书作者布莱兹作为主办方的一员组织了该活动。

2 该书全名为《骑士托耶丹科：马克西米利安大帝的情史》（*Maximillian's History of Theurdanck*）。这是马克西米利安大帝写的一本诗集，书中他将自己描绘为高贵的骑士托耶丹科，讲述了他的爱情故事。该书于1517年在纽伦堡出版，不论是艺术性、设计，还是印刷方面都是那个年代最精美的书。

书本。这是由纽伦堡的汉斯·斯强斯伯[1]为马克西米利安大帝印制的。为了凸显它的独一无二，书上所有的孔都是刻意打的，每个字母的字体种类都有七八种之多，再加上字里行间精巧的装饰性花纹，即使是经验丰富的印刷工也不敢相信它是印刷而成的，但它的确是完全用印版印成的。这样一本保存状况良好的书价值在50英镑左右。

许多年前，我曾在苏富比拍卖行买过大量用精制犊皮纸装裱的手抄本内页，有的是书中的整章，但大多是单页。许多书页中带装饰的首字母被剪下，损毁严重，几乎已经没有什么收藏价值了，但那些首字母不那么精美的或者根本没有装饰字母的

1 汉斯·斯强斯伯（Hans Schonsperger），应为作者笔误。该书的实际印刷者为汉斯·布克迈尔（Hans Burgkmair the Elder，1473—1531），德国画家、雕版印刷工匠，出生于德国奥格斯堡（Augsburg）。他的儿子与他同名，也是一位画家。上文的“纽伦堡”只是出版地点。

书页却仍很有价值。在逐张分类时，我发现我这里有来自近 20 本不同的手抄本的大量内页，大部分是按时间顺序排列的[1]，展示了 15 世纪 12 种不同的手写体，包括拉丁语、法语、荷兰语和德语。我把每一类都分别装订好，形成了一本颇有趣致的收集册。

插图收集者为了壮大他们的宝藏而剪下了许多卷首插图，也损毁了大量书本。一本书一旦有了缺损，就会迅速走向毁灭。因而这个世上再也找不到像 1664 年阿特金斯[2]的四开本《印刷术的起源和发展》（*Origin and Growth of Printing*）这样的书了。

阿特金斯的小册子出版时，卷首插画是洛根

---

1 原文“mostly Horae”。Horae是希腊神话中掌管季节气候变迁的时序三女神的总称，后来衍化为掌管社会秩序或法律政治的女神。

2 理查德·阿特金斯（Richard Atkyns，1615—1677），英国作家，作品题材以印刷领域为主。

（Logan）所作的一幅画，画像上是国王查理二世，一旁随侍的是当时的大主教谢尔登（Archbishop Sheldon）、阿尔伯马尔[1]公爵和克拉伦登[2]伯爵。这些名流的画像非常稀少（当然，国王除外），因而阿特金斯这本四开本的小册子只要一出现在市面上就会被收藏家买断，然后撕下卷首的插图来为他们的藏品增色。

因此我们不难理解，为什么每每翻开一本旧书销售目录，像“缺少标题”“缺两张插画”“缺末页”这样的字眼随处可见。

古抄本，尤其是15世纪的，不管是精装犊皮

---

1 阿尔伯马尔（Albermarle），即乔治·蒙克（George Monck，1608—1670），英国政治家，推动1660年英国君主制复辟的重要人物。

2 克拉伦登（Clarendon）伯爵，即爱德华·海德（Edward Hyde，1609—1674），英国政治家，于1658年至1667年间担任大法官。

纸的还是普通纸张的版本，时常会出现书页的空白页边被裁下的情况，有时是纵向的页边，有时是书脚处的空白。这种损坏的频繁出现让我困惑了好多年。这种情况是由过去纸张短缺所引起的。当主人需要精准地传达一条讯息，而家中传信的仆人因受可怜的脑容量所限无法担此重任时，老爷们或者牧师们便会去图书室里，因无纸可用，就随手抽出一本旧书，裁下一张甚至更多的宽页边以解燃眉之急。

我比较倾向于将那些藏书狂和过度小心谨慎的书籍占有者视为“书的敌人”。这些占有者虽然无法将宝藏随身带到另一个世界，但却竭尽所能来妨碍它们在这个世界发挥作用。比如说，想要进入著名的日记作家塞缪尔·佩皮斯[1]的奇珍图书馆就比

1 塞缪尔·佩皮斯（Samuel Pepys，1633—1703），英国托利党政治家，海军部首席秘书、下议院议员和皇家学会主席，以日记作家的身份为人所熟知。

登天还难。这些藏书存放在剑桥大学莫德林学院[1]统一的书架上，这些书架也是由佩皮斯本人提供的。除非有学院里两位工作人员的陪同，否则没有人可以看到这些书；只要有一本书遗失了，那么所有的藏书都会被转移到邻近的一所学院。显然，即便两位工作人员很愿意帮忙，他们也未必有这个时间或耐性，所以还是没人能看到这些书。位于荷兰哈勒姆市（Haarlem）的泰勒斯博物馆[2]也有着类似的限制，这也导致了其中许多宝藏身陷囹圄，终生不见天日。

几个世纪以前，一批极有价值的藏书被托付给

---

1 莫德林学院（Magdalene College），又译作“抹大拉学院”，该学院在1542年重建时以此命名来纪念抹大拉的玛丽亚。

2 泰勒斯博物馆（Teylers Museum），位于荷兰北部的哈勒姆市，创办于1778年，是一座艺术、自然史、科学博物馆。

了吉尔福德文法学校[1]。学校的校长一个人要为所有藏书的安全负责，只要丢了一本，就要补上。我听说其中一位校长为了尽量降低这样的风险，采取了下面简单粗暴的措施：他一上任，就掀起了学校教室的地板，将所有的书打包好后小心翼翼地塞进了托梁之间，又将地板重新钉了回去。他几乎完全没有意识到有多少家鼠在那里筑了窝。将来总有一天他要为地板下的每一册书负责，而且他也想不出什么比严密的“监禁”更安全的办法了。

米德希尔出版社[2]已逝的托马斯·菲利普斯爵士，也是“葬书者”的一个典型例子。他买下珍贵的藏书只是为了将它们埋葬。他的宅邸塞满了书，

---

1 吉尔福德文法学校（Guildford Endowed Grammar School）坐落在英国吉尔福德郡，1509年由杂货商罗伯特·贝金厄姆（Robert Beckingham）捐资成立。

2 米德希尔（Middle Hill）出版社成立于1822年，最初用于出版菲利普斯（Thomas Phillipps，1792—1872）爵士在地质学和系谱学方面的研究成果。

他甚至会买下整个图书馆的藏书，而不去看那些书一眼。他所买下的书里包括第一本用英文印刷的《特洛伊史汇编》（*The Recuyell of the Histories of Troye*），由威廉·卡克斯顿翻译并出版，献给爱德华四世国王的妹妹勃艮第（Burgundy）公爵夫人。尽管这听起来很不可思议，但是托马斯爵士从未找到过这本书，虽然它毫无疑问就躺在他的藏品之中。难怪记录了他的收藏的只有书店的销售目录和书商的发票，毕竟这一箱箱在他去世前20年买下的书，从来就没有被打开过。

第十章　仆人与孩子

读者呀！你是否已婚？可有孩子？我的意思是，特指6岁到12岁的男孩儿。同时，你是不是有一间储备了各种精选藏品（有些为了实用，有些为了装饰）的书房，你可以在里面度过愉快的时光？最后的重点是，你是不是有一个专职的女仆，每天专门给你舒适的小窝除尘打扫，保持其井井有条？如果你对以上问题的回答都是肯定的，那么我可以确信，我们是同病相怜的受难者。

除尘不过是借口罢了。真正让女人焦躁不已，从而大举入侵你的庇护所深处的并不是灰尘，而是根植于她们内心的好奇。女人的这个弱点可以一直追溯到夏娃的时代，是古老文学作品和神话传说中常见的主题。是什么让法蒂玛[1]如此渴望知道蓝胡子禁止她进入的那间房间里有些什么？这跟她本来没有任何关系，更何况那间屋子里的东西并没有对任何人造成哪怕一丁点儿的困扰。这个故事没有起到训诫作用。从多个层面来说，如果女主角的结局跟她违反规则的前任们一样，是在那间血迹斑斑的密室里占得一席之地，这个故事会更叫人警醒。为什么这些女人（上天还请原谅我）不管有没有除尘的必要，都得管男人书房里的闲事呢？我儿子们的游戏室从没有收拾过，里面有一个儿童游戏木匠桌、一个小型儿童游戏车床，还有无数的垃圾杂物。也许它根本就没法儿收拾整洁，又或者小男孩们旺盛的精力没办法维持整洁。然而我的工作室却必须每天打扫，而且她们还抱着“每一本书、每一张纸都得物归原位”的虚妄承诺。如此接二连三的

---

1 法蒂玛（Fatima），童话故事《蓝胡子》（*Bluebeard*）里发现丈夫房间秘密的妻子。

清理所造成的破坏是不可估量的。有些时候女人对奉行打扫仪式的虔诚超越了其他一切事务。尤其书籍爱好者们，不管是成家了的还是单身汉，都应该在3月的第15日[1]这天当心。2月前脚刚走，家庭主妇的思想就会被一种躁动不安的感觉所控制。这股躁动会日益增加，到了3月中旬会到达顶峰，这段时间她们会通过种种旁敲侧击让你出去一两天。当心了！春季大扫除的热潮开始翻涌了，要是不坚定立场，你一定会后悔的。如果命运女神们执意要求，那就走吧，但是一定要把你专属的精神世界——书房的钥匙带走。

别误会，我绝没有一星半点儿拥护灰尘污垢的

---

1 罗马历的3月的第15日以几个宗教仪式为标志，并以罗马人作为解决债务的最后期限而著称。在莎士比亚的戏剧《尤利乌斯·恺撒》中，预言家告诉恺撒要留心3月的第15日，结果恺撒果真在3月15日遭暗杀身亡。

意思，它们都在“敌人”之列，活该被清理干净，但是必要的清理工作一定要在你的亲自监督下进行。你得时时提点着哪里需要小心谨慎，哪些书需要温柔对待。如果家里的一位“夏娃”能够学会对书籍有崇敬之心，那你就是最幸福的男人，这样的女人简直就是无价之宝，她的存在有着延年益寿的功效。书架上的书本得时不时全部拿下来，但是这些书需要根据它们的状况细心呵护。如果除尘这一步能够在房间外进行那就更好了。移除书本后，要把搁板从支架上取下来冲洗擦拭，再分别拿起每一本书，用软布轻柔地擦拭它的封皮、书脊和切口。把书本放回原位时，要注意保护封面，尤其是用小牛皮或者摩洛哥羊皮装帧的书，一定不能让它们的封面相互摩擦。越是装帧精美的书越是容易受损，和“破坏力强”的书放在一起会破损得更快。有些书确实脾气很差，它们会使邻居毁容。这些书的边缘有着金属的搭扣和铆钉，它们大多来自 15 世纪，是一些“恶劣的老无赖”。它们以货真价实的木板装帧为荣，以黄铜包角，书脊上牢牢固定着令人望而生畏的球状金属饰钉，一般都是5颗。如果不对这些“恶棍”的邪念加以控制，它们会对温和的邻居造成很大伤害，就像惊扰羊群的科利牧羊犬一样。在肇事者和受害者之间放置一块厚纸板就能减少这种恶性事件的发生。我见到过很多漂亮的封皮都被这种可怕的邻居划伤了。

给书本除尘的时候，不要以为你的助手们有多少常识，要将她们的无知视为理所当然。要及时告诉她们绝对不能只抓着一边的封面把书拎起来，这样做肯定会对书脊造成损伤，而且拎起来的时候十之八九会对这本书的重量估计错误，接着整本书就会掉下来。你的女“帮手”很喜欢在手边放上很高的一堆书进行处理，一般情况下，她们对于重心的判断也不甚准确，这常常会导致整堆书倒塌下来，许多书的书角都会损坏。同样，如果缺乏监督和指示，女仆们更有可能将灰尘从书口掸进去而不是掸出来。要先把书捏紧，防止书的侧面出现缝隙，然后从书脊向书口方向擦拭。如果灰尘很多，软毛刷会更有帮助。书本的整个外部都要用软布擦拭，然后打开封皮，检查封皮和书芯的连接处，因为有些书的内部和外部都会有霉菌耀武扬威地宣示它们的存在，而且是最为顽劣的那类，它们有着不可捉摸的喜好。有的书皮材料特别容易吸潮，霉菌便会攻击这种受潮的书，而不攻击同一书架上的没有受潮迹象的书。如果发现了这种情况，要小心地拭去霉菌，然后找个尽可能干燥通风的地方，把书本翻开，竖立摆放，晾上几天。但是千万要注意，有时沙砾会从尘土飞扬的路上通过敞开的窗户吹进来，落在掸帚里面。如果不小心，这些沙砾会在光滑的小牛皮封面上留下密密麻麻的细小划痕，几乎可以构成一幅欧洲的轮廓图。这些划痕不仅伤在封皮上，更叫人觉得刺在眼里、痛在心上。

“帮手”们总是喜欢把书架塞得很满，如此一来，取书时就不得不费很大力气，而且容易损坏书头的镶边。对于这样的失误一定要当心。放书时可以特意在书架每一层的两端放一本稍矮一点的书，就摆在可拆卸的搁板支架正下方的位置。这样不仅可以节约空间，而且可以避免那些跟书架间层一样高的书因受力不均而受损。

无论如何，这些护书指导和其他许多东西一样，都是些“常识”；而“有常识”这一品质在早些时候大约是更常见的，不然这种说法也不会在我们的现代用语里占有一席之地。

孩子们尽管天真无邪，但常常会犯下“弑书”的罪过。我必须得承认，有一次我拿了本《汉弗莱写作史》（*Humphrey's History of Writing*）供我生病的女儿取乐，因为那本书里有许多颜色鲜艳的插图。我的目的当然是达到了，但是这一行为本身的后果却是灾难性的。这一册书（好在我很容易就换了本新的），尽管在我手上得到了细致的照顾，却变得又脏又破，最后殉身于育儿大业。我能说后悔做了这件事吗？当然不能。虽然该行为在书志学家看来罪大恶极，但病童在沉浸于书中美丽斑斓的色彩时得到了真正的快乐，忘掉了身体上所受的痛苦，还有什么能比得上这一点呢？

几年前，我的一位邻居也因一种显然属于不可抗力的倾向而饱受折磨：他的一个女儿总是喜欢撕他书房的藏书。这个6岁的小姑娘会悄没声儿地从书架上拿下一两本书，从中间撕下十来页，然后把撕下来的碎页夹回去，书也放回原处。这样的破坏很难发现，直到急着要用这些书时才能察觉到。训斥、劝诫甚至惩罚都没有用，直到他将女儿一顿责打才治好了她的这个毛病。

然而，男孩儿到目前为止所表现出的破坏力可比女孩儿强得多，而且他们似乎天生对上了年岁的事物毫无敬意，无论是长者还是旧书。谁能不怕一个新得了一把小折刀的学龄小男孩儿呢？英国著名诗人华兹华斯（William Wordsworth）在《远足》（*Excursion*）第三章（第83页）中的诗句大可改成：

顽劣小小学童，

行迹总可追踪。

所有书架书本，

雁过处处留痕。

无奈搁板倒霉，

华丽书本惹眼。

只要折刀在手，

边缘尽数损毁。

若要四分五裂，

只需轻轻一划。

管他扉页封皮，

全都各奔天涯。

这些孩子还喜欢一边塞着满嘴的糖果，一边用黏糊糊的手指把书架底层的书扒拉出来又戳回去，完全没有意识到他们的行为会造成怎样的破坏与痛苦。书主人大概会喊出下列诗句，只希望该诗作者贺拉斯（Horace）的英灵不要追究：

如果孩子用脏手拿过书

就会令人作呕。

——《讽刺诗集》第二部第四首（Sat. IV.）

男孩儿们究竟能做出些什么，从下面这个真实的故事中可以略知一二。这个故事是由我的一位通信者寄来的，他是这类事件的直接受害者。

夏季的一天，他在镇上遇见了一位出国在外多年的老熟人。这位老熟人见他对于旧书的嗜好一如既往地热烈，便邀请他去住处，享用一场15世纪旧书和其他藏书珍品的精神盛宴，顺便再吃顿便饭。这个“住处”是位于伦敦市郊的一所古旧宅第，其建筑风格一下子就能让人联想到黑体字和羊皮装帧的古书。那天，很不幸，在下雨。当二人走到离房子不远处时，他们听见了一阵阵的欢笑声。孩子们正跟几个小朋友在进行生日聚会。一切户外活动都因为阴雨天而泡了汤，再加上大人的纵容，孩子们入侵了书房。那时候俄英克里米亚战争期间的巴拉克拉瓦战役刚刚结束，士兵们在那片艰苦卓绝的战场上的英勇事迹还在口口相传。这些淘气的小恶魔分成了两大对立阵营——“英国”军队和“沙俄”军队。“俄军”阵营就在门内，他们从书架底层取出了对开本和四开本的书堆成防御工事，躲在那三四尺高的堡垒后面。这堵“城墙”由先人著作、15 世纪的编年史、方志、乔叟的作品、利德盖特的作品以及种种诸如此类的书籍堆砌而成。几米之外就是“英军”阵营，他们备下了成堆的小开本书籍当作炮弹，并以此对敌军进行了小规模的连续炮轰。想象一下这幅画面吧！两位年长的绅士急忙跑进屋里，家主的肚子意外遭到了一册第一版《失乐园》（*Paradise Lost*）的袭击，他的朋友则险些和一册四开本的《哈姆雷特》（*Hamlet*）上演有史以来最亲密的私人接触。这场闹剧的结局是，家主大发雷霆，“小战士们”迅速撤离，留下战场上尸（书）横遍野的景象。

后记：德比郡书籍拍卖逸闻

尽管从严格意义上来讲，接下来的这则逸闻并没有对书籍造成什么实际的伤害，但这件事十分具有讽刺意味，而且在最近事事夸张的风气下显得尤为吸引人。因此我决定姑且打破少写题外话的严格限制，把这件事记录在案。这个故事来自我的朋友，乔治·克卢洛（George Clulow）先生的个人经历。他是一位有名的藏书家，也是“异书俱乐部”[1]的刻版师。信上的时间是1881年。他写道：

你在《书之大敌》中提到了在盖恩斯伯勒

1 原文为“Ye Sette of ye Odde Volumes”，是英国当时的一个藏书爱好者会餐俱乐部兼精英文学俱乐部。

镇发现珍贵古籍的事（见本书第五章），我也想讲一讲大约20年前的一段经历：

一天深夜，我在父亲家里看到了一份拍卖会的商品清单，有家具、农耕工具和书。这场拍卖会预定于次日早晨在德比郡乡下的C教区举行，那里离最近的火车站六七里。

当时是夏天，乡下最漂亮的时候，再加上旧书的吸引，我决定第二天给自己放一天假。次日一早8点，我登上了前往C教区的火车。然而我的计划发生了更改，因为我出站后向西走了近5公里，随后才意识到我的目的地其实是在火车站的东边5公里处。中午时分，我到达了那个教区，发现那里已经聚集了三四十位当地的农场主，还有他们的妻子及男女仆从。他们似乎都打定主意要歇上一天，而不是忙于生计。按照通知，拍卖会本应在正午开始，但是拍卖商直到一小时后才出现。而他现身后的第一件事，居然是热情地招待我们在教区食堂吃了一顿大餐，食物有面包、奶酪，还有啤酒，顺便叫我去搭了把手。聚餐结束后，今天的正事终于开始了。一堆杂七杂八的锅碗瓢盆还有水壶被搬了出来，供人们公开竞价，紧接着是一堆床上用品以及其他种种杂物，而拍卖清单上写的最先拍卖的物品明明是书。下午3点一到，我的耐心已消磨殆尽。于是我向拍卖商抗议，问他为什么不按照清单上的顺序进行拍卖。对此，他的回答是时间不够，书籍的拍卖会在次日进行！这实在太过分了，我就指责他没有对买家守信，而且打了虚假广告，把我骗来了C教区。然而，这似乎并未影响他的好心情，甚至没有让他有丝毫的不悦。他叫了一声“比尔”，也就是教堂的看门人，吩咐他把藏书室的钥匙交给我，并且把我可能想要的书都搬下来，他会把这些书卖给我。我跟着这位“比尔”，很快来到了书房一个迷人的小角落。这里放满了书，大多是旧时的神学著作，还有大量16世纪最好的各类文学著作，英文、外文都有。仅仅朝书架上一瞥，我就发现了30来册黑体字的旧书、三四本描金彩绘的弥撒书，还有年代更近一些的珍贵书籍。比尔把这些书抱下楼来，我不禁猜测，这些书在拍卖会上会怎样？！很快，我就有了答案，我选的书一本接一本，它们被接二连三地拍给了我，价格从1先令6便士到3先令6便士不等，而3先令6便士就已经是在场这些热衷投机的竞价对手的上限了。但是，这批书中最珍贵的一本，拍卖商却要扣留下来，因为他说，那是一套“很漂亮的书”。我开始对他的评判眼光刮目相看，因为这确实是一套“很漂亮的书”。这是一套迪布丁的大开本《书国十日谈》，共3卷，保留了原有装帧。一言以蔽之，连同这一套迷人的书，我总共的花费还不到13英镑，而且我的钱换来了满满一推车的书，比我预期的还要多得多！把书带回家后，我又对它们进行了精挑细选。光是剔除的那些书，其价值就已经达到了我所付购书款的4倍，最终留下的都是些珍宝。

几周之后，我听说拍卖会剩下的那批书都被当作了废品，成车地拉到了邻近的镇上，寄存在一位鞋匠的店里，随便谁想要，可以用6便士一本的价格随意拿走。这个消息传到一个大镇子的旧书商耳朵里，我想他应该是把那批书给包圆儿了吧。这实在是个荒诞的例子：卖方对于书本全然无知，可能潜在的买方也是一样。这一点值得我们注意。

生活在1887年的读者，对这样一个故事不知有何感想？

结语

世上竟有如此多明目张胆的敌人投身于毁书大业，每每思之，我总会无比叹惋。更叫人悲叹的是，人们居然听任这些“敌人”屡屡得逞。公正地来说，能够拥有任何一本古书都是拥有了一份神圣的信任，任何一位有良心的书主人或是保管者决不会疏忽大意，正如做父母的决不会忽视自己的孩子一样。一本古书，无论其题材还是内容，都是这个国家历史的一部分。或许我们可以照原样仿造，印出摹本，但是终究无法全然复制。古书是具有历史价值的文献，理应仔细保存。

有些人的神经缺乏基本的纤细敏感，这种人对自己的祖先不会尽缅怀之心，只要谈及赛马和啤酒这样的事就足以使他们热血翻涌、激动不已。他们也许活得自在逍遥，我却不会羡慕分毫。对他们来说，独处就意味着无聊，任何人的陪伴都远胜于无。他们的内心一定极度缺乏平静安宁所带来的乐趣，精神上大概也亟待休整。任何人如果能成为一个书籍爱好者，必能抚慰其痛苦，增益其寿数，甚至日常乐趣也可翻倍，哪怕是百万富翁也是如此。对于事务缠身的大忙人来说，如果他对书籍有所赏鉴，那么在生活的战场上遭遇种种恼人的碰壁、焦虑，拼杀整日之后，当他步入私人书房的那一刻，心中必定会充满安宁喜乐，每一本书都会向他挥手致意，就如至交好友一般。

译后记

2017年8月，我与蔡鑫悦成为译言网《书之大敌》翻译项目的译者，到整个翻译项目接近尾声，用了一年多的时间。虽然这本书体量不大，但由于我们两人时常都有其他事务在身，翻译时断时续，持续了很长时间。宽松的时间也让我们得以对译文精雕细琢，最终拿出一件满意的作品。

这本书，市面上已有两个节译本：一是叶灵凤翻译的《书的礼赞》（1998年），另一是唐静翻译的《护书之苦》（2012年）。叶灵凤选译了原书的六个章节，文笔流利而富有情趣，但由于时代久远，某些字句读起来不免佶屈聱牙，文风已不太适合今天的读者。唐静的译文文笔流畅生动，符合现代人的阅读品位，可惜只选译了原书的一章，留下九章未译，实属遗憾。在这种情况下，我们汲取前人的优点，着手翻译了全译本。

在翻译的过程中，我们查阅了大量背景资料，尽可能多地了解作者所处的时代背景，力争“吃透”原文。由于书中包含很多专名，甚至拉丁文、古英语，仅查阅资料就占了翻译过程的60%以上的时间。在译文的遣词造句方面，我们也是搜肠刮肚、绞尽脑汁，常常为了一个词的翻译推敲三四个小时，想方设法用最切近、最地道、最优美的语言，为读者架起一座沟通原文和译文的桥梁。本书毕竟与我们有一些“时空”距离，为了便于读者理解原文，我们添加了一些注释。尽管如此，译文仍然有不尽如人意之处，恳请广大读者谅解、指正。

最后，感谢我的合译者蔡鑫悦，她优秀的文字功底和负责的态度令我钦佩；感谢译言网项目负责人朱圆媛，一直为我们收集资料，提供后勤保障；感谢所有直接或间接帮助过我们的人，包括我的先生毛希东，是大家的帮助，让本书得以顺利面世。

李绚丽

改定于2023年7月